Andreas Nemeth

LEBENS-GEWINNER!

So motivieren und kommunizieren Lebensgewinner!

Nemeth, Andreas
LEBENSGEWINNER!
So motivieren und kommunizieren Lebensgewinner!

Deutsche Erstausgabe 2015
ISBN 978-3-944638-04-1

Copyright © 2015, Andreas Nemeth, Bad Kissingen
Verlag: N-E-W Verlag, Bad Kissingen
Gestaltung & DTP: Kathrin Schaumburg, Bad Kissingen
Umschlag: Kathrin Schaumburg, Bad Kissingen
Lektorat: Ulrike Ascheberg-Klever, Köln
Herstellung: BoD - Books on Demand, Norderstedt

Bibliografische Information der Deutschen Nationalbibliothek
Die Deutsche Nationalbibliothek verzeichnet diese Publikation in der Deutschen National-
bibliografie; detaillierte bibliografische Daten sind im Internet über dnb.d-nb.de abrufbar.

Inhaltsverzeichnis

Teil 1: So motivieren sich Lebensgewinner!

Teil 2: So kommunizieren Lebensgewinner!

Herzlich willkommen!

Ich freue mich, Sie als Leser meines Buches „Lebensgewinner!" begrüßen zu dürfen. Damit sich die Zeit, die Sie in dieses Buch investieren,
auch wirklich lohnt, habe ich es so aufgebaut, dass Sie hinterher (hoffentlich) nicht nur etwas Gutes gelesen haben, sondern anschließend
auch wirklich fit sind im Umgang mit den hier beschriebenen Gewinnerstrategien.

Sie finden in diesem Buch immer wieder Checklisten, die Ihnen helfen
werden, dass Gelesene gleich zu trainieren und umzusetzen. Aus diesem Grund empfehle ich Ihnen, sich einen Marker und einen Bleistift
für die Lektüre dieses Buches bereitzulegen. Mit dem Marker können
Sie die für Sie wichtigen Stellen dieses Buches hervorheben, und mit
dem Bleistift können Sie die Checklisten sofort bearbeiten

Natürlich können Sie dieses Buch auch ohne diese beiden Hilfsmittel
einfach nur durchlesen. Aber ehrlich gesagt wäre es schade, wenn Sie
nicht gleich die Chance nutzen würden, um die Tipps auszuprobieren.

Um was geht es nun in diesem Buch?

Mit den folgenden drei Aussagen ist der Inhalt des Buches sehr schnell
beschrieben:

> Ohne Kommunikation keine Motivation!
> Ohne Motivation kein Erfolg!
> Ohne Erfolg keine Lebensfreude!

Schauen wir uns diese Aussagen einmal genauer an:

Die erste Aussage - **Ohne Kommunikation keine Motivation!** - zeigt Ihnen, dass Sie, um sich und eventuell auch andere Menschen zu motivieren, ein Instrument auf jeden Fall benötigen: die Kommunikation! Wie Sie vielleicht schon wissen, läuft auf dieser Welt ohne Kommunikation absolut nichts. Ganz gleich, ob ein Mensch sich oder seine unterschiedlichen Gesprächspartner motivieren möchte, er muss kommunizieren - daran führt kein Weg vorbei. Selbst wenn ein Mensch wenig oder auch gar nicht spricht, macht er auf jeden Fall eines: Er kommuniziert! Und wenn es nur durch Gesten, mit seinem Körper oder auch mit seinen Gedanken ist.

Versuchen Sie einmal - ohne mit sich laut oder auch leise zu sprechen - aufzustehen. Das klappt nicht, oder? Sie mussten wenigstens den Gedanken haben: „Ich stehe jetzt auf!" Mit diesem einfachen Beispiel, wird Ihnen sicherlich schon klar, was hinter der Aussage „Ohne Kommunikation keine Motivation!" steckt. Auch wenn Sie ein kleines Kind dazu bringen möchten, dieses oder jenes zu tun, müssen Sie zwangsläufig mit ihm kommunizieren. Und wenn Sie nur Ihre Hand ausstrecken, damit das Kind merkt, dass es zu Ihnen kommen soll.

Aus diesem Grund werden wir uns in diesem Buch intensiv mit der Kommunikation beschäftigen. Sie werden neue Arten der Kommunikation entdecken, die Ihnen helfen werden, vor allem sich, aber auch andere Menschen zu motivieren. Denn die zweite Aussage in diesem Buch lautet - **Ohne Motivation kein Erfolg!**

Mit Erfolg ist nicht nur der berufliche Aufstieg gemeint, sondern es ist auch von Ihrem persönlichen bzw. privaten Reüssieren die Rede. Denn ein wirklich erfolgreicher Mensch ist sicherlich derjenige, der in beiden Lebensbereichen auf Erfolge blicken kann. Und wie Sie bereits erkennen konnten, sind Sie nicht einmal in der Lage von einem Stuhl aufzustehen, wenn Sie es nicht schaffen, sich zu motivieren. Und wer von Ihnen schon einmal eine Krankheit hatte, die ihn ans Bett gefesselt hat, weiß, welch' großen Erfolg anschließend bereits das erste Aufstehen bedeuten kann. Egal welche Erfolge Sie in Ihrem Leben noch erleben wollen, ohne motiviert zu sein, werden Sie schwerlich irgendwelche feiern können. Und genau aus diesem Grund werden wir uns im ersten Teil dieses Buches mit dem Ausbau Ihrer Motivationskünste beschäftigen.

- **Ohne Erfolg keine Lebensfreude!** - lautet die dritte Kernaussage dieses Buches. Und im Grunde ist der Inhalt dieser Aussage Sinn und Zweck aller Bemühungen in unserem Leben. Wen auch immer Sie befragen, warum sie oder er unbedingt dieses oder jenes erreichen möchte, Sie werden stets die gleiche Antwort erhalten: Ich möchte glücklich sein! Anders ausgedrückt, bedeutet dies nichts anderes als - ich möchte so viel Lebensfreude wie möglich in meinem Leben genießen. Ob ein Arbeiter seinem Job nachgeht, ein Unternehmer einen Betrieb aufbaut, Eltern sich um ihre Kinder bemühen oder irgendjemand seinem Hobby frönt, alle Menschen haben letztendlich nur ein Ziel: Glücklich leben bzw. Lebensfreude genießen.

Selbst wenn zuweilen der Eindruck aufkommen könnte, dass der ein oder andere Mensch nicht nach Lebensfreude strebt, lassen Sie sich nicht täuschen, der Schein trügt. Denn so viel ist sicher: Alle Menschen streben immer Lebensfreude an. Ob sich ein Ehepaar streitet, sich Mitarbeiter in vielen Betrieben das Leben gegenseitig zur Hölle machen oder der eine Nachbar den anderen ärgert - sie alle wollen nur glücklich leben. Dass es den eben beispielhaft genannten Menschen oft nicht gelingt, ist in erster Linie ein Kommunikationsproblem.

Aus diesem Grund ist der zweite Abschnitt dieses Buches den Lebensfreude spendenden Kommunikationsstrategien gewidmet.

Wenn Sie dann beide Teile des Buches nicht nur durchgelesen, sondern auch intensiv durchgearbeitet haben, kennen Sie nicht nur die Gewinnerstrategien, sondern können diese Lebensfreude spendenden Motivations- und Kommunikationsstrategien auch anwenden. Also starten wir am besten gleich unsere gemeinsame Entdeckungsreise, die folgendermaßen lauten könnte:

Glücklich und erfolgreich leben!

Teil 1

So motivieren sich
Lebensgewinner!

Entwickeln Sie Ihre Wertschätzung!

Alle Lebensgewinner haben eines gemeinsam: Sie sind Wertschätzer. Das bedeutet: ein Lebensgewinner schätzt die großen und kleinen Momente des Lebens. Mit dieser Grundeinstellung verschafft er sich einen enormen Vorteil im Vergleich zu den meisten Menschen auf dieser Erde. Und genau aus diesem Grund, stelle ich Ihnen diese drei Gewinnerstrategien auch gleich zu Anfang dieses Buches vor:

> **Erkennen Sie Ihr persönliches Potenzial!**
> **Entdecken Sie das Potenzial Ihrer Mitmenschen!**
> **Trainieren Sie Ihre Wertschätzung!**

In einem Satz zusammengefasst lauten diese drei Strategien:

Werden Sie ein kompromissloser Wertschätzer!

Alleine mit diesem Tipp erschaffen Sie sich ein Motivationspotenzial, von dem die meisten Menschen nicht einmal zu träumen wagen. Und das Schöne an diesem Tipp ist, Sie können ihn problemlos und ohne großen Aufwand umsetzen. Sie brauchen sich nur jeden Abend folgende Frage zu stellen:

Wofür kann ich heute wieder dankbar sein?

Und wenn Sie bei dieser Frage noch Folgendes beachten, kann auf Ihrem Weg zum Wertschätzer so gut wie nichts mehr schiefgehen:

**Für welche meiner persönlichen Fähigkeiten und
Leistungen kann ich heute wieder dankbar sein?**

**Für welche Fähigkeiten und Leistungen meiner
Mitmenschen kann ich heute wieder dankbar sein?**

**Für welche Situationen und Umstände des heutigen
Tages kann ich dankbar sein?**

Vielleicht sind Sie erstaunt, dass an erster Stelle dieser Gewinnerstrategie, die Dankbarkeit für Ihre persönlichen Fähigkeiten und Leistungen steht. Das hat einen ganz einfachen Grund: Wer sich selbst nicht anerkennen kann, ist auch kaum in der Lage andere Menschen und deren Leistungen anzuerkennen. Einen Lebensgewinner erkennen Sie stets daran, dass es ihm besonders leicht fällt, andere Leistungen und Fähigkeiten anzuerkennen. Und in Zukunft brauchen Sie sich nicht mehr darüber zu wundern, denn spätestens jetzt wissen Sie, dass diese Menschen auch dazu in der Lage sind, ihre persönlichen Fähigkeiten und Leistungen Wert zu schätzen.

Hinderlich an dieser persönlichen Wertschätzung ist oft die uns Menschen anerzogene Verhaltensweise, unser eigenes Licht unter den Scheffel zu stellen. „Eigenlob stinkt" ist so ein Spruch, der sehr viele Menschen bereits in ihrer Kindheit geprägt hat. Ein Lebensgewinner stellt sich allerdings auch nicht auf den Marktplatz seiner Gemeinde und lobt sich von morgens bis abends. Ein Lebensgewinner schätzt seine eigenen Fähigkeiten und Leistungen im Stillen. Und genau in diesem Moment entwickelt er auch seine Wertschätzung gegenüber anderen Menschen und gegenüber seinen Lebensumständen. Auch wenn es Ihnen schwerfällt, sich selbst gegenüber dankbar zu sein, dürfen Sie es einfach eine gewisse Zeit einmal ausprobieren. Springen Sie über Ihren

Schatten und vergessen Sie wenigstens für diese kurzen Augenblick, die Ihnen vielleicht eingetrichterten Erziehungsmaßnahmen. Sie werden schon am ersten Abend dieser Wertschätzungsübung spüren, dass sich auf diese Art und Weise ein völlig neues Lebensgefühl in Ihnen ausbreitet. Vergessen Sie dabei aber bitte nicht, sich auch Wert schätzende Gedanken über die Leistungen und Fähigkeiten Ihrer Mitmenschen und deren Lebensumstände zu machen. Denn auch dadurch trainieren Sie Ihr persönliches Wertschätzungspotenzial.

Wenn Sie diesen Wertschätzungs-Tipp befolgen, kann ich Ihnen versprechen: Sie verpassen sich eine Motivationsspritze, die Sie in keiner Apotheke dieser Welt kaufen können. Denn die *Dankbarkeit* für die zahlreichen angenehmen Erlebnisse, hilfreichen Unterstützungen durch andere Menschen und für die vielfältigen Möglichkeiten, die sich uns jeden Tag bieten, ist meines Erachtens nicht nur ein Energiebringer, sondern auch einer der wichtigsten Faktoren für die eigene Motivation.

Ein begeisterter und energiegeladener Mensch ist letztendlich immer auch ein dankbarer Mensch. Die Auswirkungen der Dankbarkeit werden oftmals unterschätzt. Doch wenn Sie auf Dauer Ihr Energie- und Begeisterungspotenzial ausbauen möchten, kommen Sie an diesem Dankbarkeits-Tipp nicht vorbei.

Zahlreiche Beispiele belegen diese Behauptung. Unternehmen, die für ihre Kunden dankbar sind, haben kaum Absatzprobleme. Mitarbeiter, die für ihren Arbeitsplatz dankbar sind, haben automatisch Spaß an ihrer Arbeit. Unternehmer, die ihren Mitarbeitern gegenüber dankbar sind, haben so gut wie nie Probleme, ihr Team zu motivieren.

Und der sicherste Weg, sich diese Dankbarkeit stets bewusst zu machen, ist nun einmal die allabendliche Frage:
Wofür kann ich heute wieder dankbar sein?

Ich auf jeden Fall bin Ihnen gegenüber sehr dankbar, wenn Sie diesen Tipp in den nächsten Wochen einmal ausprobieren und mir sogar davon berichten, wie es Ihnen mit dieser Gewinnerstrategie ergangen ist.

Werden Sie ein Gegenwartsmeister!

Ein Lebensgewinner denkt und handelt - jetzt! Und auch das macht er oder sie kompromisslos. Er denkt nicht an gestern, und er handelt nicht morgen. Diese Gewinnerstrategie klingt einfach. Doch ist sie auch so einfach umzusetzen? Normalerweise schon. Leider sind wir Menschen nicht dazu erzogen worden, - jetzt - zu handeln und unser Leben - jetzt - zu gestalten. Vielmehr werden wir permanent von vergangenen und von zukünftigen Ereignissen beeinflusst. Das klingt zwar ziemlich unlogisch, jedoch ist diese Eigenart bei vielen Menschen verbreitet.

Woher kommen diese Beeinflussungen? Meist aus unserem Inneren, also aus unserem Denksystem. Einen Großteil des Tages beschäftigen sich Menschen mit den Gedanken über die Vergangenheit und die Zukunft. Das läuft dann beispielsweise folgendermaßen ab: *„Oh Gott, wie schrecklich war der gestrige Tag, hoffentlich wird der heutige Tag besser. Mal sehen, was morgen so alles auf uns zukommt. Hoffentlich passiert dieses oder jenes nicht."* Solche Gedanken klingen erst einmal nicht gefährlich. Doch in Wirklichkeit sind sie viel mehr als das für unser Wohlbefinden. Und gerade als Lebensgewinner sollten Sie sich vor diesen Gedanken hüten.

Damit Ihnen das gelingt, können Sie Ihr Gehirn jeden Tag auf das Jetzt-Denken und Jetzt-Handeln trainieren. Dabei helfen Ihnen folgende drei Gewinnerstrategien:

> **Konzentrieren Sie sich auf das Vorhandene!**
> **Meiden Sie das Lücken-Denken!**
> **Nutzen Sie den Jetzt-Zustand!**

Schauen wir uns auch diese drei Strategien einmal im Einzelnen an. Der erste Tipp - **Konzentrieren Sie sich auf das Vorhandene!** - sagt aus, dass wir Menschen uns mehr auf die vorhandenen Chancen und Möglichkeiten konzentrieren können. Das Thema - **Chancen erkennen und nutzen** -, werden wir im folgenden Kapitel ausführlich bearbeiten, so dass wir uns zu diesem Zeitpunkt des Buches mit den vorhandenen Umständen und Situationen beschäftigen werden, die uns - jetzt - schon glücklich machen können. Fangen wir einmal mit einem ganz banalen Beispiel an.

Sehen Sie sich bitte einmal im Raum um, in dem Sie sich gerade befinden. Und notieren Sie sich doch bitte alle Gegenstände, die Ihnen in diesem Raum besonders gefallen.

....

....

....

....

Und konnten Sie einige Gegenstände entdecken. Prima!

Jetzt notieren Sie sich bitte einmal drei Lebensumstände, die Ihnen momentan in Ihrem Leben als angenehm erscheinen.

....

....

....

Und nun schreiben Sie bitte drei Namen von Menschen auf, die momentan in Ihrem Leben eine angenehme Rolle spielen.

....

....

....

Wann haben Sie diese Übung zum letzten Mal gemacht? Die meisten meiner Seminarteilnehmer haben diese Übung noch nie in Ihrem Leben vollzogen. Aber eine andere Übung haben viele Menschen schon oft exerziert. Nämlich die Übung, sich auf die Dinge zu konzentrieren, die nicht vorhanden sind.

Und bei diesem Punkt sind wir bereits bei dem zweiten Tipp dieses Kapitels: - **Meiden Sie das Lücken-Denken!** - In dem Moment, in dem sich ein Mensch auf die Dinge konzentriert, die nicht vorhanden sind, trainiert er nämlich sein Lücken-Denken. Und in diesem Denken sind sehr viele Menschen Weltmeister. *„Ich habe dieses und jenes nicht.*

18

Der andere hat etwas, was ich nicht habe.“ usw. Und wenn Sie es im Lücken-Denken zur Meisterschaft bringen, dann garantiere ich Ihnen ein Leben ohne allzu viel Lebensfreude.

Ein Gegenwartsmeister schaut nicht auf das Nichtvorhandene, sondern blickt stets auf das Erreichte und Vorhandene. Das ist ein weiterer Unterschied zwischen den Lebensgewinnern und den Durchschnittsbürgern.

Also trainieren Sie lieber Ihre Wahrnehmung auf das Vorhandene als auf das Nichtvorhandene. Und so kommen wir schon zum dritten Tipp dieses Kapitels - **Nutzen Sie den Jetzt-Zustand!** - . Wenn Sie nämlich Ihre Wahrnehmung auf die vorhandenen Umstände, Menschen und Dinge gelenkt haben, fällt es Ihnen auch nicht schwer, den Jetzt-Zustand, also den momentanen Zustand für Ihre persönliche Gewinnerstrategie zu nutzen. Und dieser Umstand ist ein gravierender Vorteil aller Lebensgewinner. Sie nutzen stets die vorhandenen Umstände. Wenn Sie über diesen Satz einmal in Ruhe nachdenken, werden Sie erkennen, dass es gar keine andere Möglichkeit gibt, als den momentanen Zustand zu nutzen. Denn die Umstände, die Sie nicht zu Verfügung haben, können Sie bei aller Anstrengung leider nicht nutzen.

Nehmen wir ein ganz banales Beispiel. Wenn Sie beispielsweise momentan einen VW-Golf fahren, können Sie unmöglich die Beschleunigung eines Ferraris nutzen. Doch viele Menschen bedauern ständig, dass sie keinen Sportwagen besitzen und sind deswegen, während sie in ihrem eigenen Auto sitzen, permanent unzufrieden. Und das obwohl ein VW-Golf ebenfalls sehr viel Fahrfreude bereiten kann.

Genauso verhält es sich oft in Partnerschaften. Auch da soll es vorkommen, dass so mancher Partner ständig von irgendeinem Idealmann oder einer Idealfrau träumt, obwohl er oder sie bereits einen wunderbaren Partner hat. Doch wenn ein Mensch ständig auf die Eigenschaften schaut, die sein Partner nicht besitzt, schätzt er die vorhandenen Eigenschaften des momentanen Partners nicht. Ein Lebensgewinner würde sich sein Leben auf diese Art und Weise nicht vermiesen.

Auch in vielen Unternehmen ist es gang und gäbe, sich auf die nicht vorhandenen Umstände zu konzentrieren. Die Konkurrenz hat diese Produkte oder jenen Service. Wir haben das alles nicht. Diese Denkweise führt in sehr vielen Unternehmen dazu, dass die gesamte Belegschaft ständig unzufrieden ist. Mit dieser Unzufriedenheit können beim besten Willen keine großen Erfolge erzielt werden. Denn diese Unzufriedenheit überträgt sich natürlich auch auf die Kunden dieser Unternehmen.

Verwechseln Sie diese Art der Wahrnehmung bitte auf keinen Fall mit Stillstand in Ihrem Leben oder in Ihrem Unternehmen. Wenn allerdings jemand permanent unzufrieden ist, wird er sich mit der Zeit selbst derart lähmen, dass er die vorhandenen Entwicklungschancen gar nicht mehr erkennt und dadurch auch nicht nutzen kann. Damit Ihnen dies nicht passiert, trainieren Sie Ihre Wahrnehmung am besten täglich. Notieren Sie sich entweder an jedem Morgen oder auch an jedem Abend, welche Umstände, Situationen und auch Menschen Sie momentan zur Verfügung haben, damit Sie Ihr Leben glücklich und erfolgreich gestalten können. Und wenn Ihnen diese Übung in Fleisch und Blut übergegangen ist, dann wird Ihnen auch die Umsetzung des folgenden Kapitels mehr als leicht fallen.

Werden Sie zum Chancendenker!

Wer im Leben gewinnen möchte, kommt ohne diesen Tipp nicht aus. Denn das Leben besteht nicht nur aus Höhenflügen und Erfolgsgeschichten. Immer wieder stellt uns das Leben auf gewisse Proben. Dies können kleinere und größere Rückschläge sein. Dies können aber auch ganz einfach nur Herausforderungen sein, denen wir uns stellen können. Und wer in solchen Situationen keine Chancen erkennt, dem fällt es logischerweise schwer, neue Gewinnerstrategien zu entwickeln.

Eine sehr wichtige Frage ist natürlich, gibt es überhaupt Chancen in unserem Leben? Wie Sie im Laufe dieses Kapitels sehen werden, gibt es eine Unmenge an Chancen und eine ganz einfache Möglichkeit, sie zu entdecken. Nur wer in der Lage ist, neue Chancen wahrzunehmen und diese auch erfolgreich zu nutzen, wird noch kreativer, freier und erfolgreicher. Und das sind natürlich weitere Grundlagen auf dem Weg zum Lebensgewinner.

Eine Chance halten Sie gerade in Ihren Händen, denn dieses Kapitel wird Ihnen neue Möglichkeiten aufzeigen, die vielfältigen Chancen, die sich Ihnen täglich bieten, zu ergreifen und was immer Sie erreichen wollen, auch zu schaffen.

Wieso ich Ihnen das versprechen kann? Ganz einfach, weil Sie dieses Buch zumindest bis hierher bereits gelesen haben. Damit bringen Sie nämlich eine Grundvoraussetzung mit, die mir die Sicherheit gibt, Ihnen so viel garantieren zu können. Diese ist:

Sie wollen sich weiterentwickeln!

Und das ist eine ausgesprochen großartige Voraussetzung! Dazu möchte ich Ihnen jetzt schon einmal ganz herzlich gratulieren!

„Wie werde ich nun zum Chancendenker?" werden Sie vielleicht schon ungeduldig fragen. Die drei folgenden Gewinnerstrategien beantworten Ihnen diese Frage:

> ## Entdecken Sie neue Chancen!
> ## Vergeuden Sie keine Zeit mit der Schuldfrage!
> ## Nutzen Sie neue Perspektiven für Ihren Erfolg!

Wenn Sie nur diese drei Botschaften wirklich in die Tat umsetzen, werden Sie automatisch ein Chancen-Nutzer und Lebensgewinner.

Wir stoßen bei diesem Thema oftmals auf ein großes Problem. Dieses Problem ist unsere Entwicklung. Denn während wir uns entwickelten, haben wir meist genau das Gegenteil von dem getan, was uns diese Botschaft vermitteln möchte. Wir haben uns meist auf die Nicht-Chancen konzentriert und deswegen sind sehr viele Menschen zu Nicht-Chancendenkern geworden.

Was ist nun ein Nicht-Chancendenker? Das ist ein Mensch, der automatisch alles wahrnimmt, was ihm das Leben erschweren könnte. Er nimmt die Schwierigkeiten wahr, die sich ihm in den Weg stellen, und er sieht auch meistens wenige Möglichkeiten, diese Schwierigkeiten aus dem Weg zu räumen. Das Ergebnis ist dann oftmals ein Mensch, der sich kaum positiv weiterentwickelt, auf der Stelle tritt und die meiste Zeit seines Lebens irgendwelchen Wünschen hinterher jammert. Dadurch stellt sich Frust ein, und wir haben einen Menschen vor uns, der sich beschwert, wie ungerecht er vom Leben behandelt wurde.

Schuld an dieser Ungerechtigkeit sind dann meistens seine Chefs, seine Partner und ganz besonders irgendwelche Politiker, die er nicht einmal persönlich kennt.

Diese Menschen erkennen Sie sehr gut an folgenden Aussagen:
„Tja, wenn ich damals nur dieses oder jenes hätte machen können." oder
„Wenn meine Eltern mir damals die Möglichkeit gegeben hätten." oder
„Wenn mein Chef nicht immer so oder so gewesen wäre." oder
„Wenn meine Frau oder mein Mann nicht schon damals so oder so reagiert hätte" und so weiter und so weiter.

„Also, Herr Nemeth, der typische durchschnittliche Mitarbeiter in Deutschland?", werde ich oft auf Unternehmersymposien gefragt. *„Nein, leider auch sehr oft der durchschnittliche Unternehmer!",* lautet dann meine Antwort.

Bei Unternehmern klingt dies dann in etwa so: *„Wenn die Stadtratspolitiker bei uns früher dieses oder jenes gemacht hätten, dann ..!"* oder *„Wenn unsere Mitarbeiter mehr leisten würden, dann ..."* oder *„Wenn wir unser Unternehmen in den USA hätten, dann ..."* oder *„Wenn die Steuern nicht so hoch wären, dann ...!"* und so weiter und so weiter.

Lesen Sie noch weiter oder haben Sie das Buch schon in die Ecke gefeuert? Ich hoffe, Sie lesen noch weiter! Sie habe ich natürlich nicht gemeint. Weder mit dem durchschnittlichen Mitarbeiter noch mit dem durchschnittlichen Unternehmer.
Meine negativen Beispiele handeln immer von irgendwelchen Menschen, die dieses Buch nicht lesen. Und wenn Sie sich doch angesprochen fühlen von dem ein oder anderen Beispiel, ist das auch nicht schlimm. Dann können Sie wenigstens ein wenig über sich nachdenken und vielleicht das ein oder andere ändern.

Wie kommt es nun, dass einige Menschen irgendwelchen Chancen hinterher trauern und zugleich so wenige Möglichkeiten in ihrem Leben entdecken, um ihren Erfolg zu steigern? Wie oben bereits erwähnt, liegt das zu einem großen Teil an unserer Entwicklung. Denn im Laufe eines Lebens passieren uns Menschen häufig Dinge, die uns - ohne dass wir es merken - zu Nicht-Chancendenkern werden lassen. Das beginnt schon sehr früh in unserer Kindheit und setzt sich dann immer weiter fort. Spätestens, wenn wir in die Schule kommen, beginnt die Erziehung zu Nicht-Chancendenkern. Dort heißt es dann oft: *„Dieses und jenes kann passieren, wenn du deine Hausaufgaben nicht machst. Die Probleme der deutschen Rechtschreibung sind folgende. Beim Rechnen musst du besonders auf dieses und jenes achten, sonst kommst du nie zu dem richtigen Ergebnis."* Viel seltener sind in Schulen hingegen leider folgende Sätze: *„Wenn du deine Hausaufgaben immer machst und zusätzlich lernst, werden dir Tür und Tor offen stehen. Die Chancen in der deutschen Rechtschreibung liegen in folgenden Regeln. Wenn du dich ein wenig mit der Mathematik beschäftigst, trainierst du dein logisches Denken und wirst den meisten deiner Mitmenschen einen Riesenschritt voraus sein!"* Klingt ein wenig ungewöhnlich, oder? Zumindest während meiner Schulzeit habe ich solche Aussagen kaum gehört.

Im Studium oder in der Ausbildungszeit geht es oftmals mit dem Heranziehen von Nicht-Chancendenkern weiter:
„Wenn Sie dieses Vorexamen nicht meistern, werden Sie wohl kaum noch Möglichkeiten haben, Ihr Studium erfolgreich abzuschließen. Wenn Sie dieses und jenes nicht ordentlich machen, werden Sie nach Ihrer Ausbildung kaum eine Stelle finden."

Oder klingen diese Aussagen an den meisten Universitäten und Ausbildungsstellen etwa folgendermaßen: *„Mit diesem Vorexamen haben Sie die erste Hürde auf Ihrem erfolgreichen Weg überwunden und werden* *alles andere mit Leichtigkeit meistern. Wenn Sie dieses und jenes mehr als ordentlich machen, haben Sie die erste Sprosse auf Ihrer zukünftigen Karriereleiter bereits geschafft."*

Welche Sprache überwiegt in unserer Gesellschaft? Die Sprache der Chancendenker oder die Sprache der Nicht-Chancendenker? Entscheiden Sie selbst und hören Sie vor allen Dingen genau hin, was Ihre Mitmenschen so alles von sich geben.

Wie wachsen Menschen auf? Werden sie zu Chancendenkern oder zu Nicht-Chancendenkern erzogen? Lesen Sie einmal unter diesem Aspekt Ihre Tageszeitung durch. Hören Sie in Ihrem Unternehmen einmal genau hin, was dort so alles erzählt wird und wie Anweisungen gegeben werden. Wenn Sie Kinder haben, nehmen Sie sich einmal die Zeit und achten Sie darauf, wie Ihre Kinder sprechen, wenn Sie aus der Schule kommen oder noch besser, beobachten Sie sich selbst, wie Sie mit Ihren Kindern sprechen, wenn Sie erzieherische Maßnahmen verkünden.

Ich hoffe, Ihnen ist mit diesen Beispielen schon ein wenig klar geworden, wie die meisten Menschen heranwachsen und in welchem Umfeld sich diese Menschen entwickeln. In diesem Umfeld gehört schon eine Menge dazu, um sich zum Chancendenker zu entwickeln. Aber Sie werden sehen, es ist möglich! Und wie, das lesen Sie jetzt.

Gehen Sie einfach her und knipsen Sie Ihren Wahrnehmungsschalter um. Und zwar in Richtung „Chancen erkennen". Der erste Schritt, um seinen Wahrnehmungsschalter umzuknipsen ist, dass Sie sich einmal bewusst machen, welche Chancen und Möglichkeiten in Ihrem Leben bereits existieren. Fragen Sie sich, um welche Chancen es sich hierbei handeln kann? Zum Beispiel ist es eine riesengroße Chance, dass Sie

in diesem Land leben. Ja, Sie haben richtig gelesen, es ist eine riesen-
große Chance, dass Sie in Deutschland leben, in einem der reichs-
ten Länder der Erde. Ein Land, das tagtäglich dafür sorgt, dass ca. 80
Millionen Menschen nicht nur Brot und Arbeit haben, sondern der
Durchschnittslebensstandard zu einem der höchsten dieser Welt zählt.
Klingt auch irgendwie ungewöhnlich, oder? Es ist aber so.

Wenn Sie das heute irgendwo verkünden, werden Sie mitunter äußerst
komisch angesehen. Es ist nämlich anormal, das auszusprechen, was in
der ganzen Welt bekannt ist und tagtäglich von den Wirtschaftsdaten
bestätigt wird. In diesem Land haben Sie sowohl als Unternehmer als
auch als Arbeitnehmer die besten Chancen, um aus Ihrem Leben ein
erfolgreiches Leben zu machen. Wir sind seit Jahren Export-Weltmeis-
ter. Schauen Sie sich einmal auf der Weltkarte um und vergleichen Sie
wie klein unser Land im Gegensatz zu anderen Nationen dieser Erde
ist. Und trotzdem behaupten wir seit Jahren den zweiten Platz in den
Exportstatistiken. Doch diesen Umstand irgendwo laut und deutlich
auszusprechen, ist schon fast ungehörig. Sofort melden sich irgendwelche Stimmen, die Ihnen genau das Gegenteil beweisen wollen. Nur es
gelingt niemandem. Denn, dass wir der Weltmeister im Export sind,
würde Ihnen jede Wirtschaftsfakultät schriftlich bestätigen.

Und dennoch wird lamentiert und lamentiert. Anstatt von den riesi-
gen Möglichkeiten zu sprechen, die dieses Land und damit auch seine
Bürger besitzen, sprechen wir viel lieber von den Unwägbarkeiten und
vermeintlichen Schwierigkeiten, die Deutschland in sich birgt. Sollten
Sie in Österreich oder der Schweiz dieses Buch lesen, gehört natürlich
auch Ihr Land zu den reichsten Nationen dieser Erde.

Von Äthiopien, Zaire oder Kirgisistan wird hingegen kaum jemand
behaupten, dass sie zu den reichsten Ländern dieser Erde gehören -

auch nicht deren Bewohner. Und obwohl es uns, relativ gesehen, so gut geht, sind ausgerechnet die Deutschen vor allem eines: die Weltmeister im Lamentieren und Klagen.

Nicht, dass Sie mich missverstehen. Ich rede hier nicht vom positiven Denken. Ich rede hier von realistischem Denken. Allerdings gilt realistisches Denken bei vielen bereits als positives Denken. Man wird schon als positiver Denker verschrien, wenn man all das, was wirklich an Chancen vorhanden ist, laut ausspricht. Ein Lebensgewinner sollte zumindest realistisch denken und die vielfältigen Chancen, die sich ihm bieten, wahrnehmen.

Um auch ein Lebensgewinner zu sein, brauchen Sie sich nur ab sofort auf alles zu konzentrieren, was irgendwie nach einer neuen Möglichkeit oder Chance aussieht. Und genau ab diesem Moment werden sich Ihnen permanent neue Chancen und Möglichkeiten eröffnen. Das klingt unglaublich für Sie? Sie werden sehen, dass es sich nur so anhört. In Wirklichkeit wird es genau so funktionieren. Den Beweis liefere ich Ihnen sofort.

Wenn Sie heute auf die Straße gehen, konzentrieren Sie sich doch einmal auf eine bestimmte Automarke, einen bestimmten Typ dieser Automarke und auch noch auf eine bestimmte Farbe dieses Typs. Ohne, dass Sie diese Übung praktizieren, wissen Sie jetzt schon, was passieren wird. Sie werden genau diesen Fahrzeugtyp verstärkt wahrnehmen und werden sich vielleicht wundern, wieso gerade heute so viele Fahrzeuge dieser Marke unterwegs sind. Und ich sage Ihnen, dass heute nicht mehr dieser Fahrzeuge unterwegs sind als gestern. Allerdings, da Sie Ihre Wahrnehmung bewusst auf diese Marke gelenkt haben, nehmen Sie diese Marke verstärkt wahr.

Sie kennen diese Übung übrigens bereits. Allerdings war Ihnen der Effekt vielleicht nicht so bewusst. Jedes Mal, wenn Sie sich ein bestimmtes Auto bestellt oder gekauft haben, haben Sie sehr wahrscheinlich genau diesen Fahrzeugtyp besonders häufig wahrgenommen. Stimmt es? Während Sie jedoch bei der obigen Übung Ihre Wahrnehmung bewusst gesteuert haben, haben Sie nach dem Kauf des Autos unbewusst verstärkt auf gleichartige Fahrzeuge geachtet. Ob bewusst oder unbewusst, ist hierbei aber gar nicht entscheidend. Entscheidend ist vielmehr, worauf Sie sich konzentrieren.

Da wir meist schon von Kindesbeinen an auf die weniger angenehmen Auswirkungen trainiert werden, nehmen wir diese weniger positiven Dinge verstärkt wahr. Das ist ein über Jahre erlernter Prozess. Jetzt gilt es, diesen erlernten Prozess des Nicht-Chancen-Wahrnehmens umzutrainieren, in einen Prozess des Chancen-Wahrnehmens. Wenn Ihnen dies gelungen ist, dann gehören auch Sie zu der Minderheit, die tagtäglich neue Möglichkeiten wahrnimmt. Sie werden täglich neue Chancen wahrnehmen, Umsätze zu steigern, neue Kunden zu akquirieren oder neue Produkte zu platzieren. Sie werden täglich Zuhause neue Möglichkeiten entdecken, Ihr Leben noch glücklicher zu gestalten und noch zufriedener mit sich und Ihrem Umfeld zu sein. Sie werden bei anderen Menschen neue Potenziale entdecken und diesen Menschen helfen, ihre Potenziale zu entwickeln. Lernen Sie einfach, Ihren Wahrnehmungshebel in die Richtung „Chancen entdecken" umzustellen. Nutzen Sie dafür am besten folgende Checkliste, und beginnen Sie jetzt sich auf alles zu konzentrieren, was Ihnen wichtig und hilfreich erscheint.

Also, welche Chancen gibt es nun in Ihrem Leben? Nehmen Sie jetzt Ihren Stift zur Hand und legen Sie mit Hilfe der folgenden Checkliste sofort los.

Chancen-Checkliste:

Auf welche Chancen und Möglichkeiten könnte ich mich ab heute konzentrieren?

Beruflich:

....

....

....

Privat:

....

....

....

Und sind Ihnen einige Punkte eingefallen, auf die Sie sich konzentrieren könnten? Wenn nicht, ist das auch kein Problem. Nehmen Sie sich noch ein wenig mehr Zeit, ich bin sicher, dass Ihnen noch einiges einfallen wird.

Wichtig ist nur, dass Sie diese Checkliste auf jeden Fall ausfüllen. Denn wie vorab bereits erwähnt, ist dieses Chancen-Denken eine wichtige Grundlage auf Ihrem Weg zum Lebensgewinner.

Chancen erkennen ist die eine Sache, Chancen nutzen eine andere. Sicherlich kennen Sie Menschen, die immer alles besser wissen und ständig an allem etwas auszusetzen haben. Nur, wenn es darum geht, diese Vorschläge auch umzusetzen oder wirklich Verantwortung für eine Sache oder Aufgabe zu ergreifen, sind diese Menschen meist mehr als ruhig und verziehen sich in den Hintergrund. Das kann man sowohl beruflich als auch privat sehr häufig beobachten.

Ein gutes Beispiel für eine „Feldstudie" sind Vereinssitzungen. Solange nur über Vorschläge debattiert wird, ist die aktive Diskussionsteilnahme sehr rege. Ganz gleich, was der Vorstand vorschlägt, einige haben immer Gegenvorschläge dazu. Geht man dann an die Tische zu den einzelnen Teilnehmern dieser Zusammenkünfte, wird oft noch heftiger gegen diesen oder jenen Vorschlag gewettert. Irgendwann kommt es jedoch in jedem Verein zu Vorstandswahlen. Bei diesen Wahlen ist es meist sehr ruhig, und es finden sich kaum Mitglieder, die bereit sind, einen Job zu übernehmen. Egal, ob es um einen neuen Kassierer geht oder um den Vorstandsvorsitz. Plötzlich herrscht Stille im Saal. Und besonders die Mitglieder, die vorher an allem etwas auszusetzen hatten, halten sich nun ganz dezent im Hintergrund. Genau hier trennt sich die Spreu vom Weizen. Denn an diesem Punkt entscheidet sich, ob jemand nur von neuen Chancen redet und sich permanent mit der Schuldfrage beschäftigt oder ob jemand auch wirklich bereit ist, neue Chancen anzupacken und, vor allen Dingen, umzusetzen. Ein Lebensgewinner redet nicht nur von Möglichkeiten, sondern ergreift diese auch konsequent.

Damit auch Sie konsequent Ihre Chancen ergreifen, trainieren Sie am besten täglich das Nutzen neuer Perspektiven. Folgende Fragen werden Ihnen dabei helfen:

Welche Chancen bieten sich mir bzw. uns
(Firma, Partnerschaft, usw.) heute?

....

....

....

Wie kann ich diese Chancen für meinen persönlichen
bzw. für unseren Erfolg nutzen?

....

....

....

Damit Sie den Sinn dieser Fragen besser nachvollziehen können, brin-
ge ich nachfolgend zwei Beispiele, die zeigen, wie aus ganz alltäglichen
Situationen Chancen nicht nur erkannt, sondern auch erfolgreich genutzt werden können.

1. Chancen-Beispiel:
Ein Kunde fordert eine Infobroschüre an. Welche Chance bietet
sich meinem/unserem Unternehmen dadurch?

....

....

Wie kann ich diese Chance für meinen persönlichen bzw.
für unseren Erfolg nutzen?

Statt die Broschüre nur zu senden, könnte ich sie entweder

persönlich vorbeibringen oder zumindest den Kunden gleich

persönlich anrufen, um seinen genauen Bedarf zu erfragen.

2. Chancen-Beispiel:
Ich habe am Wochenende Gott sei Dank nichts im Büro zu tun.
Welche Chancen bieten sich mir bzw. uns
(Firma, Partnerschaft, usw.) heute?

....

....

Wie kann ich diese Chance für meinen persönlichen bzw.
für unseren Erfolg nutzen?

Ich nutze die Zeit, um mit meinen Kindern oder mit meinem

Partner das kommende Jahr ein wenig zu planen, damit wir

schon ein paar gemeinsame Ziele vor Augen haben.

Mit solch einfachen Übungen trainieren Sie automatisch Ihr Denksystem in Richtung Chancen nutzen. Und wenn dann die großen Chancen auf Sie zukommen, werden Sie topfit sein.

Fassen wir also die drei bisher erarbeiteten Motivationsgrundlagen noch einmal zusammen:

Entwickeln Sie Ihre Wertschätzung!
Handeln Sie jetzt!
Werden Sie zum Chancen-Nutzer!

Mit diesen drei Tipps, haben Sie sich nun eine hervorragende Motivationsgrundlage erarbeitet, um als Lebensgewinner glücklich und erfolgreich zu leben. Sie werden im Alltag erkennen, dass Sie mit diesen drei Motivationstipps in der Lage sein werden, sich überdurchschnittlich zu motivieren. Und wer in der Lage ist, sich in den meisten Lebenssituationen zu motivieren, für den verläuft das Leben nicht nur lebenswerter, sondern mit Sicherheit auch erfolgreicher und glücklicher. Er oder sie ist eben ein Lebensgewinner bzw. eine Lebensgewinnerin.

Damit auch Ihre Mitmenschen von Ihrer Motivation profitieren und Sie mit deren Hilfe noch erfolgreicher und glücklicher leben werden, wenden wir uns nun dem zweiten Teil dieses Buches zu.

In dem folgenden Abschnitt geht es um die Kommunikation zwischen den Menschen und wie Sie mit Hilfe bestimmter Kommunikationsstrategien Ihre Ziele erreichen und Ihre Chancen locker nutzen können. Auch in diesem Teil werden uns die drei oben genannten Motivationsstrategien begleiten. Denn nur als Wertschätzer, Gegenwartsmeister und Chancen-Nutzer sind Sie in der Lage, erfolgreiche Gespräche zu führen.

Teil 2:

So kommunizieren
Lebensgewinner!

Mit unterschiedlichen Sichtweisen zum Erfolg!

Lebensgewinner sind Wertschätzer! Und daher akzeptieren und schätzen sie auch unterschiedliche Sichtweisen ihrer Mitmenschen. Sie regen sich nicht auf, wenn ein anderer Mensch seine persönliche Meinung bekanntgibt, die vielleicht der eigenen widerspricht. Lebensgewinner freuen sich sogar, wenn sie auf andere Sichtweisen treffen. Denn diese Menschen wissen, dass genau diese andere Sichtweise ein Schritt zum beiderseitigen Gewinn sein kann. Durch diese Herangehensweise verschaffen sich Lebensgewinner einen unschätzbaren Vorteil in allen ihren Gesprächen. Sie werden gleich erkennen, welcher Vorteil das im Einzelnen ist. Mit dem folgenden Gesprächsauszug, werden Sie diesen Vorteil auch gleich wahrnehmen.

Unternehmer 1:
„Prima, dann werden wir also ab nächsten Monat mit unserem gemeinsamen Projekt starten."

Unternehmer 2:
„Mit welchem Projekt, wenn ich fragen darf?"

Unternehmer 1:
„Ja, über was haben wir denn die letzten beiden Stunden gesprochen?"

Unternehmer 2:
„Über die Möglichkeit der gemeinsamen Zusammenarbeit in dem ein oder anderen Projekt. Doch auf keinen Fall über eine konkrete Zusammenarbeit."

Unternehmer 1:

„Was soll das denn jetzt. Sie wollen also sagen, dass ich hier meine Zeit völlig umsonst vertrödelt habe. Ich bin davon ausgegangen, dass unsere Zusammenarbeit perfekt ist. So etwas ist mir ja in meinem ganzen Leben noch nicht passiert.“

So kann es gehen. Das war ein, ich gebe zu, drastisches Beispiel des aneinander Vorbeiredens. Doch so weit hergeholt ist das Ganze gar nicht. Ich selbst habe schon ähnliches erlebt und war dann genauso verwundert über die Reaktion meiner Gesprächspartner. Was ist in dem oben genannten Beispiel passiert?

Der eine Gesprächspartner ist davon ausgegangen, dass eine konkrete Zusammenarbeit perfekt war. Wogegen der andere Gesprächsteilnehmer dachte, dass ganze Gespräch sei mehr eine lockere Diskussion über die Möglichkeit einer Zusammenarbeit. Zu spät haben beide diese Kommunikationsstörung bemerkt. So wie es aussieht, ist die Beziehung durch dieses Missverständnis ernsthaft gestört und eine weitere Zusammenarbeit kaum noch vorstellbar.

Kommunikationsstörungen müssen nicht immer so drastische Ergebnisse nach sich ziehen. Aber auch kleinere Missverständnisse haben oftmals unbemerkt große Auswirkungen. Mit den folgenden drei Gewinnerstrategien können Sie solche Geschehnisse weitgehend vermeiden.

> **Freuen Sie sich über die Meinungsvielfalt!**
> **Übernehmen Sie Verantwortung!**
> **Signalisieren Sie Verständnis!**

Mit dem ersten Tipp - **Freuen Sie sich über die Meinungsvielfalt!** - steuern Sie folgendem Problem entgegen: Viele Menschen gehen allzu gerne von ihrer eigenen Sichtweise aus und vergessen, dass ihnen gegenüber ein Mensch sitzt, der einfach anders denkt. Obwohl dies zur Vielseitigkeit in unserer Gesellschaft beiträgt, erzeugt diese Meinungsvielfalt oftmals gravierende Probleme.

Damit Ihnen solche Kommunikationsstörungen erspart bleiben, schauen wir uns einmal an, welche zusätzlichen Möglichkeiten es gibt, um solche Verständnisschwierigkeiten zu vermeiden. Ein sehr hilfreicher Tipp ist folgender:
Übernehmen Sie die Verantwortung für das Missverständnis!

„Bei aller Liebe, Herr Nemeth. Ich kann doch nicht immer und überall die Verantwortung für jedes Missverständnis übernehmen. Oftmals ist doch auch der Gesprächspartner schuld an dem entstandenen Missverständnis.", entgegnen erregte Seminarteilnehmer an dieser Stelle häufig. Und diese Teilnehmer haben sogar Recht. Doch was nützt es ihnen? Es nützt diesen Menschen nichts, wenn sie so denken. Wer als Lebensgewinner in einem Gespräch erfolgreich seine Ziele erreichen möchte, der kann alles Mögliche gebrauchen. Doch auf keinen Fall Missverständnisse, die das jeweilige Gespräch zum Scheitern bringen.

Ein Lebensgewinner denkt und handelt anders. Auch wenn er noch so sicher ist, dass er keinen Fehler in Bezug auf das entstandene Missverständnis gemacht hat, übernimmt er die Verantwortung. Denn ganz im Vertrauen, ein Missverständnis kann nur entstehen, wenn beide Gesprächsbeteiligten den ein oder anderen kleinen Fehler begangen haben.

Liegt Ihnen der Erfolg eines Gesprächs tatsächlich am Herzen, dann sind Sie auch automatisch daran interessiert, das Gespräch in der Hand zu behalten. Und das gelingt nur demjenigen, der dazu bereit ist, die Verantwortung für ein entstandenes Missverständnis zu übernehmen. Indem Sie die Verantwortung an den beteiligten Gesprächspartner übergeben und ihm beispielsweise sagen: *„Da haben Sie mich aber ganz und gar missverstanden!"*, überlassen Sie ihm auch die Führungsrolle. Denn jetzt hängt es von seinem guten Willen ab, ob er weiter mit Ihnen verhandeln möchte oder nicht.

Sagen Sie dagegen: *„Oh, da habe ich mich wohl unklar ausgedrückt!"*, bleiben Sie derjenige, der das Heft in der Hand behält. Und das ist in einem erfolgreichen Gespräch der Weg zum Erfolg. Nur wer Chef im Gesprächs-Ring bleibt und die Verantwortung für kleine und große Missverständnisse nicht dem anderen in die Schuhe schiebt, hat auch die Macht, das Gespräch zu einem erfolgreichen Ende zu bringen. Und diese Macht - und dabei geht es nicht nur um diejenige in Gesprächen - sollten Sie unter keinen Umständen aus der Hand geben.

Immer wenn Sie einen anderen Menschen bezichtigen, die Schuld für gewisse Lebensumstände zu haben, übergeben Sie diesem Menschen auch die Verantwortung und damit auch die Macht, diese Situation zu gestalten. Das bedeutet, dass Sie in diesem Moment ein machtloser Mensch sind. Denn nur, wenn der andere auch gewillt ist, etwas zu unternehmen, wird sich Ihre Situation ändern. Schauen wir uns zum Beispiel einen Ehestreit an. Solange beide Partner dem jeweils anderen die Schuld für diesen Streit zuweisen, solange wird sich der Streit nicht schlichten lassen. Beide Partner sind nun jeweils von dem anderen Partner abhängig. Das ist Machtlosigkeit pur. Ein Lebensgewinner würde nie dementsprechend handeln. Denn er oder sie ist stets bestrebt, die Macht bzw. die Verantwortung für das eigene Leben in Händen zu behalten. Ein Lebensgewinner würde sich überlegen, was er dazu beitragen könnte, die Situation wieder ins Lot zu bringen.

Haben Sie den Unterschied zwischen den Aussagen
„Da haben Sie mich aber ganz und gar missverstanden" und
„Da habe ich mich wohl unklar ausgedrückt" bemerkt?

Bei der ersten Aussage greifen Sie Ihren Gesprächspartner, vielleicht unbewusst, an und unterstellen ihm, dass er zu dumm war, um Sie zu verstehen. Bei der zweiten Aussage, übernehmen Sie die Verantwortung und Ihr Gesprächspartner behält auf jeden Fall sein Gesicht. Und das kann, je nachdem, um was es in dem Gespräch geht, ein ganz entscheidender Faktor sein.

Eine kleine Umformulierungsübung wird Ihnen sicherlich helfen, in Zukunft souverän mit solchen Missverständnissen umzugehen.

Formulieren Sie die folgenden Schuldzuweisungen einfach um:

Da haben Sie mich falsch verstanden!

....

Da ist ein kleines Missverständnis entstanden.

....

Das habe ich so nie gesagt.

....

Sind Ihnen einige Schuldzuweisungen bekannt vorgekommen? Vielleicht aus Ihren privaten und beruflichen Gesprächen? Wenn nein, prima! Wenn ja, ist das auch prima! Denn spätestens ab heute können Sie jetzt so manche Eskalation auch in Ihren privaten Diskussionen mit Partnern, Kindern oder Freunden vermeiden. Das alleine ist doch ein hervorragender Grund, sich mit diesem Thema etwas mehr zu beschäftigen.

Verpflichten Sie sich am besten für die nächsten fünf Tage, bei jedem entstandenen Missverständnis nicht die Schuld dem oder der anderen zuzuweisen, sondern selbst die Verantwortung mit einer geschickten Formulierung zu übernehmen. Stellen Sie Ihren Standpunkt oder Ihre Aussage noch einmal klar dar und fragen ganz höflich nach, ob Ihr Gesprächspartner Ihre Aussage nun verstanden hat. Denn das ist der wahre Sinn, den Sie mit der Übernahme der Verantwortung verfolgen. Genau mit dieser Methode bestimmen Sie, mit welcher Stimmung das Gespräch weitergeführt wird bzw. wann ein Gespräch beendet ist oder eben nicht.

„Keiner versteht mich!" ist die typische Aussage eines Menschen, dem selten oder nie Verständnis signalisiert wird. In vielen Unternehmen auf dieser Welt beherrscht dieses Denken Mitarbeiter oder auch Führungskräfte. Die Auswirkungen sind oftmals katastrophal. Denn hier fehlt ein Motivationsfaktor, der für uns Menschen sehr wichtig ist:

Das Gefühl verstanden zu werden!

Wenn es Ihnen gelingt Ihren Mitmenschen dieses Gefühl zu vermitteln, dann haben Sie ein überdurchschnittlich motiviertes Umfeld sowohl in Ihren beruflichen wie auch in Ihren privaten Lebensbereichen - das verspreche ich Ihnen.

In einer Zeit, die für viele Menschen immer stressiger wird, in der der menschliche Kontakt oft durch Maschinen und Computer ersetzt wird und in der die Zahl der Singlehaushalte kontinuierlich zunimmt, fehlt vielen Menschen zwangsläufig das Gefühl verstanden zu werden. Und dann sitzen diese Menschen einem Chef, einem Kunden oder einem Verhandlungspartner gegenüber, der ihnen dieses angenehme Gefühl von Herzen vermittelt. Sicherlich können Sie sich vorstellen, welche Auswirkungen dieses Verständnis auf Ihre gesamten Gespräche haben könnte.

Wenn es Ihnen nämlich gelingt, Verständnis zu vermitteln, sind Sie derjenige, der diese emotionale Lücke schließt. Falls Sie glauben, dass dieses Gebaren nichts mit dem harten Business im Geschäftsalltag zu tun hat, irren Sie sich gewaltig. Sie werden keinen auf Dauer erfolgreichen Verhandlungsführer finden, der diese Kunst nicht beherrscht.

Nehmen wir das Beispiel der Gewerkschaften und der Arbeitgeberverbände. Eskalierende Verhandlungen gipfeln in Arbeitsniederlegungen und Streiks, die die ganze Gesellschaft mit Kosten in Höhe von Milliarden belasten. Und alles oftmals nur, weil Politiker unterschiedlicher Parteien den starken Mann oder die starke Frau markieren. Das Ergebnis sind häufig überfällige Reformen, die niemals auf den Weg gebracht werden oder wenn doch, den Namen Reform gar nicht verdienen.

Würden die Gesprächsbeteiligten zu Beginn ihrer Verhandlungen erkennen, dass sie letztendlich die gleichen Ziele haben, sähe die Welt schon ganz anders aus. Arbeitgeber- und Arbeitnehmervertretungen verfolgen im Grunde doch die gleichen Ziele. Beide Seiten wünschen sich florierende Unternehmen, die in der Lage sind, Arbeitsplätze langfristig zu erhalten und die Mitarbeiter fair bzw. leistungsgerecht zu bezahlen. Unternehmer, die meinen sich nur ihre eigenen Taschen vollstopfen zu müssen, werden über kurz oder lang Schiffbruch erleiden.

Das Beispiel Anton Schlecker dient hier als abschreckendes Beispiel. Gewerkschaften, die nur bestrebt sind, Unternehmensgewinne abzuschöpfen, werden ebenso auf die Nase fallen und zahlungskräftige Mitglieder verlieren. Der Mitgliederschwund bei einigen Gewerkschaften spricht hier Bände. Unternehmen ohne Gewinne können in der Regel weder Arbeitsplätze erhalten noch faire Löhne bezahlen. Würde man sich die zu Beginn der Tarifverhandlungen auf beiden Seiten bewusst machen, anstatt mit den Säbeln zu rasseln, kämen sicherlich innovativere Lösungskonzepte bei den Tarifverhandlungen heraus.

Zwei entscheidende Fragen zu Beginn aller Verhandlungen sind daher: Was verbindet uns? Welche gemeinsamen Ziele möchten wir erreichen? Aus den Antworten dieser beiden Fragen ergebe sich ein anderer Verhandlungsbeginn, der auch zu anderen Verhandlungsergebnissen führen würde. Beispielsweise wäre der Konflikt zwischen Nord- und Südkorea sicherlich schneller zu entspannen gewesen, wenn sich die Politiker beider Staaten über die gemeinsamen Ziele im Klaren gewesen wären. Beide Nationen wollen eigentlich in Frieden leben, möchten dafür sorgen, dass es ihren Staatsbürgern materiell gut geht und sind sicherlich bestrebt, ihre finanziellen Mittel in vernünftigere Maßnahmen zu investieren als sich weiteres Kriegsgerät zu leisten.

Doch so lange die beteiligten Verhandlungspartner die gemeinsamen Ziele nicht erkennen und lieber ihre Egos füttern, wird ein friedliches Miteinander weiterhin graue Theorie bleiben.

Sie können es in Ihren Verhandlungen besser machen.
Die Lösung für jede Verhandlungssituation lautet:

Signalisieren Sie Verständnis!

Das bedeutet nicht, dass Sie Ihre Verhandlungsposition aufgeben oder immer Zugeständnisse machen müssen. Diese Aussage bedeutet nur, dass Sie Ihre Verhandlungsposition stärken. Folgendermaßen können Sie diese Gewinnerstrategie umsetzen:

1. Sie machen sich bewusst, dass jeder Mensch aus seiner Sicht erst einmal Recht hat.

2. Sie signalisieren, dass Sie den anderen verstehen können.

3. Sie werten Ihren Gesprächspartner auf.

Schauen wir uns zunächst Schritt eins an. Die Aussage, dass jeder Mensch erst einmal Recht hat, ist für viele Menschen bereits starker Tobak. Doch wenn Sie diesen Schritt nicht auch überzeugt gehen, wird aus dieser Gewinnerstrategie allenfalls ein rhetorischer Trick. Und das ist zu wenig, um Ihre Verhandlungsposition nachhaltig zu stärken.

Fragen Sie einmal während einer Vernissage die anwesenden Besucher, wie ihnen die Kunstwerke gefallen. Wie wird das Ergebnis wohl ausfallen? Klar, Sie werden unterschiedliche Aussagen zu hören bekommen. Denn die Geschmäcker sind ja bekanntlich verschieden. Würden Sie in solchen Fällen gleich zu streiten anfangen? Ich hoffe nicht. Aller Wahrscheinlichkeit nach, würden Sie den Umstand akzeptieren, dass die Geschmäcker eben unterschiedlich sind. Und wer von den Vernissagebesuchern hat nun Recht? Das ist sicherlich auch klar. Jeder! Denn jeder betrachtet die ausgestellten Kunstwerke eben aus seiner Sichtweise.

Und genau diese tolerante Sichtweise können Sie in all Ihren Gesprächen anwenden. Es gibt fast kein Thema auf dieser Welt, zu dem nicht berechtigterweise verschiedene Ansichten existieren. Diese Ansichten werden jeweils von unterschiedlichen Gruppen vertreten. Schwierig wird es dann, wenn jede Gruppe meint, sie hätte die einzig wahre Sicht der Dinge gepachtet.

Sie sollte jetzt nicht so sehr interessieren, wer, wo und wann Recht hat oder nicht. Sie sollte vor allem ein Aspekt dieser Schilderung interessieren:

Jeder Mensch fühlt sich zunächst einmal im Recht!

Und Ihr Verständnis für dieses Gefühl ist der Schlüssel zu Ihrem Verhandlungserfolg. Gelingt es Ihnen nämlich, dem anderen zu signalisieren, dass Sie ihn oder seine Meinung nachvollziehen können, tauchen Sie ganz tief in sein Unterbewusstsein ein und geben ihm ein Gefühl, das sehr viele Menschen vermissen. Und dieses Gefühl ist:

Ich fühle mich verstanden!

Erst wenn Sie ihm dieses Gefühl von innen heraus vermittelt haben, nutzen Sie die Chance, Ihre Position darzulegen.

Ein Beispiel soll Ihnen diese Vorgehensweise verdeutlichen:

Banker: *„Ich kann Ihre Kreditlinie auf keinen Fall erhöhen! Sie sind jetzt schon zu lange über Ihrem Limit."*

1. Variante:

Unternehmer 1: *„Das ist eine Frechheit. Das lasse ich mir nicht bieten. Sie haben immer gesagt, dass Sie für mich im Ernstfall da sind."*

2. Variante:

Unternehmer 2: *„Ich kann Sie gut verstehen. Und es ist mir klar, dass ich meine Kreditlinie sehr strapaziert habe. Für Ihr bisheriges Entgegenkommen bin ich Ihnen auch sehr dankbar."*

Was meinen Sie, wer von den beiden Unternehmern hat in dieser brenzligen Situation mehr Chancen, seine Kreditlinie doch noch zu erhöhen? Wahrscheinlich wird es Unternehmer 2 sein.

Genau so ist es auch in weniger brisanten Situationen. Wenn Sie Ihrem Gesprächspartner Ihr Verständnis signalisieren, erhöht sich fast zwangsläufig seine Bereitschaft, Ihren Vorschlägen zu folgen. Natürlich hat diese Vorgehensweise wieder etwas mit dem Motivationsfaktor Wertschätzung zu tun.

Wenn Sie dann noch Ihren Gesprächspartner aufwerten, wachsen Ihre Chancen, auf einen gemeinsamen Nenner zu kommen. Immer vorausgesetzt, Ihr Gesprächspartner besitzt die entsprechenden Möglichkeiten.

Ein Dankeschön ist sicherlich eine der wirkungsvollsten Aufwertungen.

Doch natürlich gibt es auch noch andere Möglichkeiten der Aufwertung. Dies können unter anderem folgende Formulierungen sein:

„Ihre Meinung als Profi ist mir sehr wichtig! Gerade was Sie persönlich zu diesem Thema zu sagen haben, ist für mich sehr bedeutsam. Es ist gut, dass Sie auch diese Seite der Angelegenheit beleuchten."

Notieren Sie sich am besten jetzt gleich ein paar Formulierungen, mit denen Sie Ihre Gesprächspartner in Zukunft aufwerten können.

Ihr Gesprächspartner: *„Da bin ich ganz anderer Meinung als Sie!"*

Ihre Aufwertungs-Formulierung:

....

....

Ihr Gesprächspartner: *„Diese Angelegenheit sehe ich völlig anders!"*

Ihre Aufwertungs-Formulierung:

....

....

Ihr Gesprächspartner: *„Das kann ich nicht nachvollziehen!"*

Ihre Aufwertungs-Formulierung:

....

....

Jetzt möchte ich mich erst einmal für Ihre Mitarbeit bedanken, denn wenn Sie sich diese Aufwertungen nicht nur merken, sondern auch in Ihren kommenden Gesprächen von innen heraus anwenden, sind Sie schon wieder einen gewaltigen Schritt weiter auf der Lebensgewinner-straße. Mit dieser Aufwertung möchte ich nun überleiten zu einem weiteren wichtigen Gewinnertipp.

Der professionelle Umgang mit Emotionen!

Lebensgewinner erkennen und nutzen den Unterschied zwischen negativen und positiven Emotionen in allen ihren Gesprächen. Von den negativen Emotionen lassen sie sich nicht einschüchtern und von ihrer Gewinnerstrategie abbringen. Die positiven Emotionen nutzen Lebensgewinner für den Erfolg aller beteiligten Gesprächspartner - so einfach könnte man diese Gewinnerstrategie beschreiben.

Wer mit seinen eigenen Emotionen und mit den Emotionen seiner Gesprächspartner professionell umgehen kann, dem steht für seine Kommunikationserfolge so gut wie nichts mehr im Wege. Mit diesen drei Gewinnerstrategien fördern auch Sie Ihre Gesprächserfolge:

> Akzeptieren Sie unterschiedliche Wahrnehmungen!
> Hüten Sie sich vor Verletzungen!
> Gewinnen Sie mit Sensibilität!

Schauen wir uns einmal an, welche Faktoren den Umgang mit Emotionen erschweren.

Jeder Mensch hat seine persönliche Art der Wahrnehmung. Diese individuelle Wahrnehmung der Menschen ist vor allen Dingen durch bestimmte Erlebnisse geprägt worden. Ist ein Mensch zum Beispiel in Afrika aufgewachsen, wird er die Sonne völlig anders wahrnehmen als ein Mensch, der in Alaska groß geworden ist. Musste ein Mensch stets darum kämpfen, dass er genügend zu essen und zu trinken bekommt, hat er zwangsläufig ein anderes Verhältnis zu Nahrungsmitteln, als ein Mensch, der Hunger niemals am eigenen Leib erfahren hat und im Supermarkt zwischen Unmengen von Nahrungsmitteln wählen konnte.

Diese drastischen Beispiele sollen Ihnen deutlich machen, wodurch unsere Wahrnehmung geprägt ist. Jeder Unterschied in dem bisher Erlebten trägt dazu bei, den Anderen nicht zu verstehen. Wenn wir Mitteleuropäer einem Afrikaner erzählen, dass er für jeden Sonnenstrahl dankbar sein soll, wird dieser vermutlich nur den Kopf schütteln und sich wundern. Erzählt uns allerdings ein Afrikaner, dass wir für jeden Regentag dankbar sein sollen, würde diese Aussage vermutlich bei uns Kopfschütteln verursachen.

Und genauso verhält es sich mit vielen Ratschlägen, Tipps und Anweisungen, die wir anderen Menschen geben. Nur meistens ist der soziale oder geographische Unterschied nicht so deutlich wie in den oben genannten Beispielen. Doch das Prinzip ist das gleiche. Anhand eines Beispiels aus der Praxis möchte ich Ihnen diese Wirkungsweise erläutern.

Unternehmer:
„Ein paar Überstunden machen den Kohl auch nicht fett und helfen unserem Unternehmen die momentanen Produktionsengpässe zu bewältigen. Heutzutage muss man doch froh sein, wenn man überhaupt einen Arbeitsplatz hat."

Betriebsratsvorsitzender:
„Unsere Leute arbeiten momentan schon 45 Stunden in der Woche. Eine 50-Stunden-Woche ohne Lohnausgleich können Sie denen beim besten Willen nicht zumuten."

Unternehmer:
„Und ob ich das kann. Denn davon hängt unsere Existenzsicherung ab."

Betriebsratsvorsitzender:
„Ich glaube nicht, dass Sie damit durchkommen werden!"

Das Problem in diesem Gespräch ist, dass hier ein Mensch mit einem sechsstelligen Jahreseinkommen auf einen anderen mit einem fünfstelligen Jahreseinkommen trifft. Die gute Nachricht ist: Beide haben zu 100 % Recht. Die schlechte Nachricht ist: Sie werden sich auf diese Art und Weise nicht einigen können.

Für den Unternehmer ist es völlig unverständlich, dass seine Mitarbeiter nicht bereit sein sollen, ein wenig mehr zu arbeiten, um die Überstunden in ruhigen Zeiten abzubummeln. Für den Betriebsratsvorsitzenden ist es undenkbar, dass ein Mensch fünf zusätzliche Stunden pro Woche quasi umsonst arbeitet. Beide Denkweisen resultieren aus der jeweiligen Lebensgeschichte und aus der momentanen Lebenssituation heraus.

Und genau das ist das Problem in den unterschiedlichsten Gesprächssituationen. Daher können Sie sich folgendes schon einmal merken:

Jeder Mensch hat eine sehr persönliche Sichtweise von dieser Welt!

Und wenn Sie in Ihren Gesprächen an diese Regel denken, sind Sie schon einen gewaltigen Schritt in die richtige Richtung gegangen. Dann haben Sie genau das Verständnis, dass Sie benötigen, um andere

Menschen zu verstehen und auch zu überzeugen. Trainieren können Sie diese Regel wann immer es Ihnen möglich ist. Sei es auf dem privaten oder auf dem beruflichen Spielfeld. Denn in jeder Gesprächssituation begegnen Sie einem Menschen mit einer anderen Wahrnehmung. Am besten fangen Sie zu Hause mit dem Training an. Achten Sie einmal bei den Gesprächen mit Ihrem Partner, mit Ihren Kindern oder auch mit Ihren Freunden auf die unterschiedliche Wahrnehmung von einzelnen Situationen und Begebenheiten. Ich gebe zu, dass dieser Trainingsstart nicht ganz so einfach ist. Denn die Grundwahrnehmungsstrategien sind wahrscheinlich in Ihrem privaten Umfeld sehr ähnlich. Sonst hätten Sie ja nicht Ihren Partner oder auch diesen Freundeskreis. Und trotzdem werden Sie bei genauerem Hinsehen und Hinhören feststellen, dass es sehr wohl Unterschiede in der Wahrnehmung gibt.

Achten Sie einfach auf die feinen Unterschiede. Hören Sie hin, wenn Ihr Partner von einer Situation schwärmt, die Sie gar nicht so toll fanden oder auch umgekehrt.

Mit diesem Wahrnehmungstraining der Gewinner trainieren Sie eine ganz wichtige Voraussetzung für das Gelingen Ihrer zukünftigen Gespräche. Sie lernen die unterschiedlichen Realitäten der Menschen kennen, entwickeln gleichzeitig Verständnis für die verschiedenen Sichtweisen und sind später in der Lage, dieses Verständnis auch zu signalisieren. Damit schaffen Sie eine Grundvoraussetzung für den Erfolg all Ihrer Gespräche.

Am besten notieren Sie sich einmal drei Situationen,
in denen Sie heute bzw. gestern auf unterschiedliche
Sichtweisen getroffen sind.

1. ....

2. ....

3. ....

Und konnten Sie ein paar Gegensätze entdecken? Ich hoffe doch!
Denn es wäre ja äußerst langweilig, wenn Sie nur Menschen um sich
hätten, die alle Vorlieben mit Ihnen teilen. Durch Gegensätze blüht
eine Partnerschaft oder auch eine Freundschaft erst so richtig auf.

Wenn Sie in Ihrem Unternehmen nur Kollegen hätten, die alle auf
der absolut gleichen Wellenlänge mit Ihnen liegen, dann dürfen alle
Alarmglocken bei Ihnen läuten. Denn dann hätten Sie sich ein Umfeld
von Ja-Sagern herangezogen. Das wäre allerdings nicht allzu sinnvoll.
Wie sollten Sie auf neue Ideen und neue Gedanken kommen, wenn all
Ihre Mitarbeiter das gleiche denken wie Sie?

Die unterschiedliche Wahrnehmung wird vor allen Dingen von einem
Umstand begleitet. Dieser Umstand sind die jeweiligen Emotionen,
die mit unterschiedlichen Situationen verbunden sind. Bei dem Beispiel des Unternehmers und des Betriebsrats brauchen Sie sicherlich
keine allzu große Fantasie, um sich die jeweilige Emotionslage der Beteiligten vorstellen zu können.

Und genau das ist ein weiterer Grund, weshalb so manches Gespräch in
Familien und auch in Unternehmen nichts erwartungsgemäß abläuft:

Negative Emotionen
blockieren jedes Gespräch!

Dabei müssen es nicht immer große Emotionsausbrüche sein, die dazu führen, dass Gespräche blockiert werden. Vielmehr sind es die kleinen, oftmals versteckten Emotionen, die zu Missverständnissen oder sogar zu Totalblockaden führen. Auch das Gefühl, durch eine herablassende Bemerkung verletzt zu werden, kann bereits zu einer Totalblockade bei Ihrem Gesprächspartner führen.

Ein Lebensgewinner schmunzelt innerlich zwar über disqualifizierende Bemerkungen und verfolgt weiter seine Gewinnerstrategie. Die meisten Menschen jedoch werden durch verletzende Bemerkung emotional negativ berührt. Je nachdem wie stark die emotionale Verletzung empfunden wird, entscheidet Ihr Gesprächspartner - zumeist unbewusst - über die darauf folgende Reaktionsweise. Oftmals handelt es sich dabei um eine Totalblockade. Es könnte aber auch eine Angriffsstrategie werden, wie zum Beispiel: *„Wenn Sie keinen Wert auf meine Verbesserungsvorschläge legen, können Sie mir das auch direkt sagen."*

Mit dieser Aussage wird die große Rolle von Emotionen in Gesprächen deutlich. Um größeres Verständnis für die unterschiedlichen Emotionen zu entwickeln und ihnen auf die Spur zu kommen, können Sie den nun folgenden Selbstfragebogen nutzen.

Welche Aussagen meiner Partner / Freunde / Kunden / Kollegen können mich emotional verletzen?

....

....

Alle Aussagen, die Sie in diese Checkliste eingetragen haben, sollten Sie nach Möglichkeit in Ihren Gesprächen vermeiden. Denn die Wahrscheinlichkeit ist sehr groß, dass es Ihren privaten und geschäftlichen Partnern ähnlich ergeht. Doch sicherlich kommen bei den einzelnen Gesprächspartnern noch andere emotionale Knackpunkte hinzu. Vielleicht fallen Ihnen sogar gleich ein paar kritische Bemerkungen ein, die Ihre Gesprächspartner verletzen könnten?

Welche meiner Aussagen könnten meine Partner / Freunde / Kunden / Kollegen emotional verletzen?

....

....

Mit dieser Frage entwickeln Sie eine größere Sensibilität für Menschen, die Ihnen als Lebensgewinner große Vorteile bringen wird. Sollten Sie die Checkliste noch nicht ausgefüllt haben, wird es jetzt höchste Zeit. Denn ohne den emotionalen Auswirkungen auf die Spur zu kommen, ist ein erfolgreiches Leben voller Lebensfreude kaum möglich. Da helfen Ihnen auch die besten Motivationstipps und rhetorischen Tricks nicht weiter. Denken Sie also stets an folgende Lebensgewinnerstrategie:

Gewinnen Sie mit Ihrer Sensibilität!

Gerade Sensibilität ist eine Eigenschaft, die von sehr vielen Menschen mehr als geschätzt wird. Wundern Sie sich also nicht, wenn Sie in Zukunft ein sehr gefragter Gesprächspartner werden. Erwarten Sie aber andererseits nicht sofort, dass Ihnen diese Sensibilität ebenfalls entgegengebracht wird. Das wird eine Weile dauern, dann aber werden Sie bemerken, dass man auch Ihnen gegenüber mehr Feingefühl walten lässt. Wie heißt es so schön:

Gleiches zieht Gleiches an!

Menschen haben nämlich die Eigenart, sich unbewusst der Verhaltensweise anderer anzupassen. Sollten Sie bereits jetzt eine Vielzahl von feinfühlenden Menschen um sich haben, ist dies ein deutliches Zeichen dafür, dass Sie bereits heute ein sehr feinfühliger Mensch sind. Ist dies noch nicht der Fall, haben Sie eine zusätzliche Motivation entdeckt, sich mit den Strategien in diesem Kapitel zu beschäftigen.

Mit optimalen Kontakten zum Erfolg!

Auf den optimalen Kontakt zu ihren Gesprächspartnern legen Lebensgewinner stets sehr großen Wert. Denn sie wissen, dass der positive zwischenmenschliche Kontakt die Grundlage aller Gesprächs- und Lebenserfolge ist. Aus diesem Grund halten sich diese Menschen an folgende Gewinnerstrategien:

> **Beginnen Sie mit einer Warm-up-Phase!**
> **Nutzen Sie die START-Phase!**
> **DANKEN Sie Ihren Gesprächspartnern!**

Die ersten Lernschritte für eine erfolgreiche Kommunikation haben Sie nun bereits hinter sich. Jetzt kommt es darauf an, eine Strategie zu entwickeln, die in möglichst allen Gesprächssituationen hilfreich und zugleich professionell ist.

Wie Sie gleich erkennen werden, ist die Entwicklung einer solchen Strategie recht einfach. Jedes Gespräch besteht aus einer Kontakt-, Haupt- und Abschlussphase. Beschäftigen wir uns nun einmal mit der sogenannten Kontaktphase. Für Lebensgewinner ist diese Phase die entscheidende Phase für den gesamten Gesprächsverlauf. Je nachdem, was Sie mit dem jeweiligen Gespräch bezwecken wollen, können Sie in dieser Phase bereits wertvolle Pluspunkte sammeln.

Zuallererst müsste man sich also einmal Gedanken machen, wie diese Phase gestaltet werden sollte, damit gleich zu Beginn des Gesprächs eine positive Gesprächsatmosphäre aufkommt.

Unabhängig davon, um welches Thema es sich handelt: Sprechen Sie es nicht sofort an. Denn erstens überfordern Sie die meisten Gesprächspartner damit und zweitens geben Sie sich und Ihren Gesprächspartnern keine Zeit, sich „warm zu laufen". Und ähnlich wie beim Sport ist das Aufwärmtraining eine wichtige Grundlage für den weiteren Verlauf des Gesprächs und des Erfolgs.

„Hallo Schatz, Du musst sofort den Mülleimer nach unten bringen" ist zum Beispiel sicherlich keine sehr Erfolg versprechende Begrüßung für den gerade zur Haustür hereinkommenden Partner.

„Ihr freier Tag in der kommenden Woche ist bis auf Weiteres gestrichen" ist statt der morgendlichen Begrüßung des Mitarbeiters auf keinen Fall eine sehr motivierende Art, dieses Gespräch zu beginnen.

Was sollte man stattdessen tun? Die Antwort ist ganz simpel.

Gewinner starten jedes Gespräch mit einer Warm-up-Phase!

Lassen Sie es sich zu einer neuen Gewohnheit werden, wirklich jedes Gespräch mit dieser Warmlaufphase zu beginnen. Sie meinen, dafür hätten Sie keine Zeit? Diese Zeit ist die bestinvestierte Zeit in Ihren Gesprächen! Denn die in der Anfangsphase investierten Minuten, ersparen Ihnen bei dem jeweiligen Hauptthema eine Menge Zeit. Gelingt es Ihnen nämlich, eine sehr gute Gesprächsatmosphäre zu schaffen, haben Sie später oftmals leichteres Spiel mit Ihrem Hauptanliegen.

Dazu sollten Sie folgendes wissen:

Jedes Gespräch besteht aus einer Sachebene und einer Beziehungsebene. Für den Erfolg Ihrer Gespräche ist die Beziehungsebene, die alles entscheidende Ebene. Auch wenn Sie oftmals den Eindruck haben, dass die Sachebene überwiegt, es stimmt nicht. Denn sogar bei sehr sachlichen Menschen ist die Beziehungsebene der Einflussfaktor Nummer eins. Selbst bei rein fachlichen Diskussionen ist die Beziehung, die Sie zu Ihrem Gesprächspartner aufbauen, der letztendlich entscheidende Faktor.

Sie fragen, wieso das so ist? Jeder Mensch mit dem Sie sprechen, besteht nun einmal aus Fleisch und Blut. Anders ausgedrückt, verfügt jeder Mensch über ein Bewusstsein und ein Unterbewusstsein. Wie Sie sich vielleicht denken können, ist das Unterbewusstsein ein wesentlicher Faktor in unserem Leben. Das bekannteste wissenschaftliche Modell zu dieser Aussage ist sogenannte Eisbergmodell. Es geht auf den Psychoanalytiker Sigmund Freud zurück und wurde im Laufe der Jahre immer weiter erforscht. Das Eisbergmodell besagt folgendes: Jede Entscheidung, die ein Mensch trifft, wird zu einem Sechstel aus seinem Bewusstsein und zu fünf Sechsteln aus seinem Unterbewusstsein heraus getroffen.

In der Praxis bedeutet dies, dass Sie in Ihren Gesprächen vor allen Dingen das Unterbewusstsein Ihres Gesprächspartners ansprechen sollten, um die gewünschten Ergebnisse zu erzielen. Der Großteil des Unterbewusstseins besteht nun einmal aus Gefühlen und Emotionen. Und genau diese sind für die so genannte Beziehungsebene zuständig.

In der angesprochenen Kontaktphase Ihrer Gespräche geht es einzig und allein um diese Beziehungsebene. Erst wenn Sie hier eine gute Basis geschaffen haben, ist Ihr Gegenüber auch in der Lage und willens, Ihren Gedanken zu folgen.

Die vorab genannten Gesprächseröffnungen sind deutliche Beispiele, wie man die Beziehungsebene zwar nicht außer Acht lässt, jedoch negativ beeinflusst. Die Beziehungsebene ist während jedes Gesprächs vorhanden, Sie können sie lediglich positiv oder negativ beeinflussen. Wenn Sie ein Gespräch beispielsweise mit weniger erbaulichen Nachrichten beginnen, schalten Sie die Beziehungsebene nicht aus, sondern stimulieren dadurch diese Ebene eben negativ.

Anders sieht es aus, wenn Sie positive Botschaften mitzuteilen haben. Da kann es Ihnen durchaus gelingen, die Beziehungsebene positiv zu stimulieren, indem Sie die frohe Botschaft gleich verkünden.

„Schatz, ich habe den Müll bereits entsorgt", ist sicherlich eine freudige Botschaft für den heimkehrenden Partner. Vorausgesetzt, der Müll ist nicht nur von einem Zimmer zum anderen gewandert.

„Ab nächste Woche haben Sie sogar zwei freie Tage", wäre eine Begrüßung, die den Großteil Ihrer Mitarbeiter motivieren dürfte.

Doch auch in diesen erfreulichen Fällen würde sehr wahrscheinlich ein enormer Überraschungseffekt entstehen und Ihre Gesprächspartner wären mit Sicherheit verdutzt, wenn Sie solche Botschaften ohne Einleitung vermitteln würden. Je nachdem wie groß die positive Überraschung ist, kann diese Art auch erschreckende Auswirkungen haben; selbst zum Herzstillstand soll es bei Gesprächspartnern durch unvermittelt vorgebrachte positive Nachrichten schon gekommen sein. Auch aus diesem Grund ist es sicherlich ratsam für Sie, Ihre Botschaften erst einmal mit der so genannten Aufwärmphase zu starten.

In dieser Aufwärmphase achten Sie einfach auf die von mir entwickelte **START**-Methode:

S - ympathisch
T - olerant
A - kzeptierend
R - uhig
T - hematisierend

S - ympathisch

wirkt auf jeden Fall ein Lächeln am Anfang des Gesprächs, und zwar ganz gleich, um welches Thema es geht. Ein Lächeln signalisiert Offenheit, Heiterkeit und eben Sympathie. Sie brauchen deswegen nicht zum Dauergrinser werden. Achten Sie einfach darauf, dass Ihre Mundwinkel besonders am Anfang eher nach oben weisen als nach unten. Und denken Sie an die erste Gewinnerstrategie in diesem Kapitel, um den Faktor Sympathie noch zu verstärken - **Signalisieren Sie Interesse.** Denn wer findet es nicht sympathisch, wenn sich ein Mensch für die eigenen Belange interessiert?!

T - olerant

wirken Sie, wenn Sie nicht gleich immer eine entgegengesetzte Position einnehmen. Meiden Sie zu Beginn Ihrer Gespräche polarisierende Themen. Unabhängig davon, welche Ziele Sie in dem jeweiligen Gespräch verfolgen, sollten Sie darauf achten, dass Sie nicht gleich von Anfang an in irgendwelche Fettnäpfchen treten. Polarisierende Themen sind zum Beispiel Politik, Religionen oder auch gesellschaftliche Trends und Tendenzen.

A - kzeptierend

bedeutet, dass Sie dem anderen signalisieren, dass Sie ihn, so wie er ist, akzeptieren. Das geht am einfachsten, indem Sie Ihren Gesprächspartnern Anerkennung schenken. Je nachdem wie gut Sie Ihren Gesprächspartner kennen, kann das eine persönliche Anerkennung oder eben auch eine allgemeine positive Bemerkung sein, wie zum Beispiel über das räumliche Ambiente, das Unternehmen oder örtliche Gegebenheiten. Die zweite Gewinnerstrategie in diesem Kapitel - **Gehen Sie in den Schuhen des Anderen** - bedeutet nichts anderes, als dass Sie sich schon zu Beginn der Unterhaltung in die Lage des Gesprächspartners hineinversetzen. Wenn Sie diesen Tipp befolgen, werden Sie bald erkennen, dass Ihnen das Akzeptieren bedeutend leichter fällt.

R - uhig

sollten Sie all Ihre Gespräche beginnen, denn damit geben Sie Ihren Gesprächspartnern die Möglichkeit, sich auf Sie und Ihr Anliegen einzustellen. **Lassen Sie Ihre Persönlichkeit strahlen** - lautet die dritte Gewinnerstrategie in diesem Kapitel. Sicherlich kennen Sie das Zitat: In der Ruhe liegt die Kraft! Genießen Sie die Kraft Ihrer Persönlichkeit und gönnen Sie auch Ihren Gesprächspartnern diese Kraft.

T - hematisierend

heißt, dass Sie am Ende der Kontaktphase beginnen, Ihr Anliegen in dem Gespräch einzuleiten. Haben Sie die oben angegebenen Startfaktoren gezielt eingesetzt, dann beginnen Sie langsam, aber sicher mit Ihrem Thema. Haben Sie jedoch das Gefühl, dass die bisher genannten Faktoren noch nicht zu Ihrer Zufriedenheit ausgefallen sind, warten Sie lieber noch ein paar Augenblicke mit dem Einstieg in Ihr Thema und arbeiten Sie an den ersten **START**-Faktoren. Erst wenn Sie das Gefühl haben, jetzt ist eine gute bis sehr gute Beziehungsebene vorhanden, beginnen Sie mit Ihrem Gesprächsthema.

Folgende Formulierungen eignen sich beispielsweise für die Überleitung auf das Hauptthema:

Ein Grund für dieses Gespräch ist...
Meine Bitte an Sie ist folgende...
Ich habe da ein Problem. Ich bin sicher, Sie können mir dabei helfen!

Damit Sie sich ein wenig mit der **START**-Methode warm laufen können, finden Sie anschließend eine kleine Checkliste, mit deren Hilfe Sie sich einige mögliche **START**-Faktoren erarbeiten können.

START-Checkliste:

S - ympathisch
Zu meinem sympathischen Auftreten
tragen folgende Faktoren bei:

....

....

....

T - olerant
Folgende Themen vermeide ich
in der Anfangsphase meiner Gespräche:

....

....

....

A - kzeptierend
Folgende Anerkennungsmöglichkeiten nutze ich besonders am
Anfang meiner Gespräche:

....

....

....

R - uhig
Für einen ruhigen Gesprächsstart achte ich besonders auf:

....

....

....

T - hematisierend
Um das jeweilige Thema einzuleiten
nutze ich folgende Redewendungen:

....

....

....

Achten Sie in den nächsten zehn Tagen einfach auf Ihre Vorsätze, und beginnen Sie jedes Gespräch, unabhängig ob es privater oder beruflicher Natur ist, mit Ihrer ganz persönlichen **START**-Phase.

Natürlich hat auch jedes Gespräch eine sogenannte Abschlussphase. Dieser Abschluss sollte nach Möglichkeit ebenfalls immer positiv sein. Unabhängig wie das Gespräch verlaufen ist, erkennt man an dem positiven Ausklang den Lebensgewinner. Ähnlich wie bei der Kontaktaufnahme helfen Ihnen beim Gesprächsabschluss ein paar Grundsätze, um den positiven Ausklang des Gesprächs zu erreichen.

Diese Grundsätze habe ich ebenfalls zu einer Methode zusammenfasst:

D - anken
A - nregen
N - utzen darlegen
K - onkretisieren
E - rmuntern

D - anken

können Sie fast nach jedem Gespräch. Selbst wenn Ihr Gesprächspartner keinen Anlass für ein konkretes Dankeschön gegeben hat. Für das Gespräch und die Zeit, die sich Ihr Gesprächspartner genommen hat, sollten Sie sich auf jeden Fall bedanken. Lassen Sie es zu einer neuen Gewohnheit werden, nach jedem Gespräch Danke zu sagen.

A - nregen

können Sie Ihren Partner zu weiteren Ideen und Gesprächen immer dann, wenn Sie Wert auf zukünftige Gespräche und Gedankenaustausch mit Ihrem Gegenüber legen.

N - utzen

darlegen, bedeutet in diesem Fall, dass Sie möglichst immer einen Nutzen aus dem Gesprächsergebnis für beide Seiten artikulieren.

K - onkretisieren

sollten Sie zur Sicherheit die Gesprächsergebnisse. Damit später keine Missverständnisse auftauchen, fassen Sie die Ergebnisse noch einmal zusammen und fragen Sie Ihren Gesprächspartner, ob dieser die gleichen Schlüsse aus dem Gespräch zieht.

E - rmuntern

Sie Ihre Gesprächspartner zur Umsetzung und Verwirklichung der erzielten Ergebnisse.

Herr Unfreundlich beendet sein Bonusgespräch mit seinem Lieferanten folgendermaßen: *„Das war's dann wohl. Ich bin mal gespannt, ob Sie sich im nächsten Jahr noch an unser Gespräch erinnern. Wiedersehen. Ich habe gleich noch einen Termin."*

Bei Herrn Freundlich klingt der Abschluss des Bonusgesprächs folgendermaßen: *„Erst einmal herzlichen Dank für das informative Gespräch. Ich freue mich schon auf Ihre neuen Ideen der Bonusgestaltung in der kommenden Saison. Ich glaube, dass wir nun eine konstruktive Lösung gefunden haben, die für beide Seiten Erfolg versprechend ist. Da ist zum einen die Nachvergütung für die Weihnachtsartikel und auf der anderen Seite der Ansporn für uns, durch die 2 % Sonderbonus den Umsatz mit Ihnen noch einmal um die angesprochenen 5 % zu erhöhen. Ich freue mich auf jeden Fall, wenn Sie mir gleich morgen die Nachvergütungsgutschrift zusenden und am besten sofort die neuen Konditionen bestätigen. Meinen Sie, das schaffen Sie morgen schon? Prima! Also noch einmal vielen Dank und eine gute Heimreise!"*

So hört sich die **DANKE**-Abschlussmethode par excellence an. Und wenn Sie in den nächsten Tagen Ihre Gespräche auch so professionell abschließen, dann sage ich Ihnen jetzt schon einmal:
DANKE für Ihr Engagement!

Allerdings werden Sie sich vor allen Dingen selbst danken, wenn Sie erst einmal spüren, wie optimal selbst weniger angenehme Gespräche enden, wenn Sie diese **DANKE**-Abschlussmethode verinnerlicht haben.

Damit Sie auch in diesem Punkt ein Lebensgewinner werden, machen Sie sich am besten gleich ein paar persönliche Notizen für Ihren positiven Gesprächsabschluss. Mit der folgenden Checkliste ist das ein Kinderspiel für Sie!

D - anken
Mit welchen Formulierungen
könnte ich mich nach Gesprächen bedanken?

....

A - nregen
Bei welchen Gesprächsthemen
sollte ich meine Gesprächspartner zu weiteren Ideen anregen?

....

....

....

N - utzen darlegen

Welche Gesprächssituationen fallen mir ein, in denen es wichtig ist, den Nutzen für beide Seiten darzulegen?

....

....

....

K - onkretisieren

Folgende Konkretisierungsformulierungen
eignen sich für meinen persönlichen Sprachstil:

....

....

....

E - rmuntern

In folgenden Situationen ist es wichtig,
meinen Gesprächspartner zur Umsetzung zu ermuntern:

....

....

....

Wenn Sie in den nächsten Tagen neben der **START**-Methode auch bei der **DANKE**-Methode auf Ihre ganz persönliche Art des Formulierens achten, werden Sie sehen, dass Ihnen die kommenden Gespräche noch mehr Spaß und Erfolg garantieren. Denn ganz gleich mit welcher Gewinnerstrategie Sie arbeiten, ist es sehr wichtig, dass Sie Ihrem persönlichen Sprachstil treu bleiben. Ein Lebensgewinner verstellt sich auch beim Anwenden seiner Gewinnerstrategien nicht, sondern wirkt in jeder Situation authentisch.

Und das gelingt Ihnen am besten, wenn Sie die beschriebenen Strategien zu einer Lebensphilosophie werden lassen. Als Wertschätzer des Lebens dürfte das für Sie sowohl bei der **START**- als auch bei der **DANKE**-Methode kein Problem sein. Denn beide Methoden basieren auf der Wertschätzung gegenüber Ihren Gesprächspartnern.

Lebensgewinner-Tipp 7:

Wer Wünsche kennt, kann sie erfüllen!

Lebensgewinner legen sehr großen Wert auf das Erfüllen von Wünschen. Und zwar nicht nur auf das Erfüllen der eigenen, sondern Lebensgewinner freuen sich ganz besonders, wenn Sie anderen Menschen ebenfalls Wünsche erfüllen können. Um jedoch Wünsche überhaupt erfüllen zu können, muss man sie natürlich erst einmal kennen. Und dabei helfen Ihnen folgende drei Gewinnerstrategien:

> **Entdecken Sie die Wünsche Ihrer Gesprächspartner!**
> **Steigern Sie Ihre Wahrnehmung!**
> **Werden Sie zum Hellseher!**

Um diese drei Strategien umzusetzen, brauchen Sie Ihre Gesprächspartner nicht auf „Teufel komm heraus" auszufragen. Es ist völlig ausreichend für Ihre Wunscherfüllung, wenn Sie bewusst einige Fragen stellen, um die Wünsche Ihrer Kommunikationspartner ausfindig zu machen. Denn nur, wer Fragen bewusst und zielgerichtet stellt, führt tatsächlich ein Gespräch und ist in der Lage, die Wünsche seines Gesprächspartners zu erfahren. Ist man sich hingegen der Auswirkungen seiner Fragen nicht bewusst, kann es sehr schnell passieren, dass man sich selbst aus dem Gespräch heraus fragt.

Bewusstes Fragen ist deswegen so wichtig, weil unsere Sprache wie ein hypnotischer Befehl wirkt. Das bedeutet, dass der jeweilige Gesprächspartner sich unseren Worten kaum entziehen kann. Selbst das geschriebene Wort lässt sich dazu nutzen, den Empfänger zu lenken. Denken Sie doch einmal an den letzten Zeitungsartikel, den Sie gelesen haben.

Was stand in diesem Bericht? Was hat Sie interessiert an diesem Zeitungsartikel? An was haben Sie beim Lesen gedacht? Und, ist Ihnen ein Zeitungsartikel eingefallen? Ich denke ja. Denn das war mein Ziel mit diesen Fragen. Ich wollte Sie einfach an einen Zeitungsartikel denken lassen. Und ich bin mir ziemlich sicher, dass mir dies gelungen ist. Wenn nicht, schreiben Sie mir. Besser ist es jedoch, wenn Ihnen mit dieser kleinen Übung klar geworden ist, welch mächtiges Mittel die Sprache im Allgemeinen ist und welch gewaltiges Instrument Sie mit Ihrer Sprache besitzen.

Dieses Instrument lässt sich eben auch durch Fragen mehr als geschickt einsetzen. Vorausgesetzt Sie stellen diese Fragen überlegt und bewusst.

Ein bekannter Tipp, um die Wünsche Ihrer Gesprächspartner zu entdecken, lautet: Stellen Sie Informations- oder auch W-Fragen. Damit sind Fragen gemeint, die mit einem W-Fragewort (wer - wie - was - wozu - weshalb - warum) beginnen. Mit den allgemeinen Informationsfragen brauchen wir uns in diesem Buch nicht beschäftigen, da diese hinlänglich bekannt sind und auch in vielen Kommunikationsbüchern beschrieben werden.

Jetzt gibt es jedoch Situationen, in denen Ihr Gesprächspartner seine Wünsche nicht gleich auf den Tisch legen will oder kann. Und genau dies sind die Situationen, in denen Sie zum Hellseher werden können. Damit wir uns jetzt nicht mit metaphysischen Phänomenen beschäftigen müssen, nutzen wir lieber einen kleinen rhetorischen Kniff.

Dieser rhetorische Kniff ist das so genannte Meta-Modell! Dieses Sprachmodell ist von Richard Bandler und John Grinder, den Begründern des Neurolinguistischen Programmierens, entwickelt worden. Es lässt sich hervorragend in den oben genannten Situationen recht einfach einsetzen.

Was genau verbirgt sich nun hinter dem Meta-Modell? In dieser Frage steckt bereits die Antwort, denn sie ist eine klassische Meta-Modell-Frage. Die Meta-Frage wird dann eingesetzt, wenn Ihr Gesprächspartner entweder keine konkreten oder unklare Aussagen macht. Anstatt sich in Zukunft damit abzufinden, setzen Sie nun eine Meta-Frage ein.

Diese Meta-Fragen sind einfache W-Fragen, die jeweils den Hintergrund des Gesagten beleuchten. Folgende Fragen zählen dazu:

> **Was meinen Sie damit?**
> **Womit vergleichen Sie diese Aussage?**
> **Wie können Sie mir das garantieren?**
> **Was hält Sie davon ab?**
> **Was würde geschehen, wenn...**

Bei all diesen Fragen könnten Sie zur Verstärkung auch noch das Wörtchen - genau - einsetzen. Also: Was - genau - meinen Sie damit? Womit - genau - vergleichen Sie diese Aussage? Wie - genau - können Sie mir das garantieren ? Was - genau - hält Sie davon ab? Was - genau - würde geschehen, wenn...

Wenn Sie jedoch stets das Wort - genau - einsetzen, könnten die Fragen etwas penetrant wirken. Folgende Gesprächssituationen eignen sich für den Einsatz dieser Fragen.

Ihr Gesprächspartner nimmt beispielsweise so genannte Tilgungen vor, also er lässt wichtige Informationen weg. Eine klassische Tilgung ist zum Beispiel: *„Ich habe da so meine Befürchtungen."* Die dementsprechende Meta-Modell-Frage lautet: *„Was befürchten Sie?"* Damit fordern Sie Ihren Gesprächspartner auf, seine Befürchtungen zu konkretisieren. Ansonsten können Sie noch Stunden weiterreden, ohne genau zu wissen, was Ihren Gesprächspartner daran hindert, zum Beispiel auf Ihren Vorschlag einzugehen.

Eine weitere Situation ist der fehlende Bezug in einer Aussage, wie zum Beispiel bei: *„Das ist zu schwierig!"* *„Was genau ist zu schwierig?"*, wäre die dementsprechende Meta-Frage.

Unvollständig spezifizierte Aussagen sind eine weitere Einsatzmöglichkeit. Beispielsweise sagt Ihr Gesprächspartner: *„Ich scheue die Konsequenzen."* Wenn Sie sich jetzt Klarheit verschaffen wollten, könnten Sie diese mit folgender Frage erlangen: *„Worin bestünden diese Konsequenzen?"*

Wenn sich Ihr Gegenüber selbst oder auch Ihnen Grenzen auferlegt, können Sie mit Hilfe der Meta-Fragen diese Grenzen sprengen. Ein Beispiel hierfür ist folgende Aussage: *„Das ist unmöglich."* *„Was würde geschehen, wenn Sie es trotzdem versuchen?"*, könnte die darauf bezogene Meta-Frage lauten.

Sie sehen, dass Sie mit Hilfe der Meta-Fragen große Hürden in Gesprächen beiseite räumen können. Immer wenn Sie das Gefühl haben, der andere drückt sich zu abstrakt aus oder hat momentan keinen Zugang zu seinen Wünschen, dann ist die Stunde der Meta-Fragen gekommen.

Damit Sie die Meta-Fragen sofort trainieren können, finden Sie nun ein paar Aussagen, mit denen Sie das bisher Gelesene umsetzen können.

Lesen Sie sich folgende Aussagen in Ruhe durch und überlegen Sie sich zu jeder Aussage eine passende Meta-Frage.

Ich weiß nicht so recht!

....

....

Ich verstehe nicht.

....

....

Immer kritisiert man mich.

....

....

Als Chancen-Nutzer achten Sie am besten in den kommenden Tagen einmal auf solche unkonkreten Aussagen und üben dann gleich als Gegenwartsmeister die Meta-Fragen. Denn Sie wissen ja:
Übung macht den Meister!

Ein weiterer sehr wichtiger Aspekt, um die Wünsche seiner Gesprächspartner kennen zu lernen, ist das Hinhören. Wenn Sie die Kunst des Hinhörens beherrschen, steigern Sie nicht nur Ihre Wahrnehmung ins Unermessliche, sondern gehören auch zu dem elitären Kreis erfolgreicher Kommunikatoren. Doch wenn Sie einem Künstler des Hinhörens begegnen, ist ein optimaler Gesprächsverlauf praktisch garantiert. Damit Sie diesen Hinhörkünstlern nicht unterlegen sind, sollten Sie sich so schnell wie möglich mit diesem Thema beschäftigen.

Ein Hinhörer erfasst die Situation schneller, bemerkt wesentlich früher, worauf es bei einem Gespräch ankommt, und er weiß, wie und was er seinem Verhandlungspartner sagen muss, um sein Ziel zu erreichen.

Sie finden das klingt wie ein Märchen aus „Tausendundeiner Nacht"? Sie werden gleich beim Weiterlesen merken, dass dieses Märchen auch für Sie Wirklichkeit werden kann.

Die meisten Ihrer Gesprächspartner sind keine Hin-, sondern Zuhörer. Das bedeutet, dass ein Zuhörer seine Ohren zumacht und ein Hinhörer seine Ohren aufmacht, um genau zu hören, was der Gesprächspartner zu sagen hat. Das Ganze erscheint Ihnen vielleicht wie ein Wortspiel, doch wie Sie in diesem Buch noch erfahren werden, ist unsere Sprache ein exzellentes Instrument, um festzustellen, was in uns Menschen vorgeht.

Beispielsweise werden Sie selten erboste Eltern zu ihren Kindern sagen hören: *„Jetzt hör einmal endlich zu!"*. Vielmehr werden Sie vielleicht folgendes hören: *„Jetzt sperr' endlich mal deine Ohren auf!"*. Schimpfende Eltern möchten nämlich nicht, dass ihre Kinder bei der Strafpredigt ihre Ohren zumachen. Das Kind soll gefälligst seine Ohren aufmachen und hinhören. Hier wird also unbewusst der Befehl gegeben: Höre her und nicht zu!

Lassen Sie uns das Hinhören aufmerksam studieren, und trainieren Sie die Kunst des Hinhörens. Werden Sie auf diese Art und Weise:

Mitglied im Club der Hinhörer!

Die erste Voraussetzung für diesen Club ist, dass Sie sich wirklich für die Belange und die Person Ihres Gesprächspartners interessieren. In allen Situationen, in denen Sie sich für etwas oder für eine Person interessiert haben, waren Sie ein sehr aufmerksamer Hinhörer. Je wichtiger die Information für Sie ist, desto besser hören Sie hin.

Nehmen wir einmal an, Sie befinden sich in einer lebensbedrohlichen Situation, und ein Mensch erzählt Ihnen, wie Sie sich aus dieser Situation befreien können. Was meinen Sie, mit welchem Aufmerksamkeitsgrad werden Sie dessen Ausführungen verfolgen? Ich nehme an, Ihr Aufmerksamkeitsgrad wird sich so ziemlich bei genau 100 Prozent bewegen.

Erklärt Ihnen allerdings eine Stewardess zum zigsten Mal, die Sicherheitsbestimmungen vor dem Abflug der Maschine, dann wird Ihr Aufmerksamkeitsgrad eher gegen null tendieren.

Diese beiden Beispiele zeigen, wie unterschiedlich wir unsere Hinhörqualitäten einsetzen. Da das Hinhören eine ganz entscheidende Voraussetzung für Ihre erfolgreichen Gespräche und Verhandlungen ist, sollten Sie vor allen Dingen eine Strategie zur Perfektion treiben:

Trainieren Sie Ihren Interessenspegel!

Dieses Training können Sie überall stattfinden lassen. Ob Sie die neuesten Wirtschaftsdaten im Fernsehen hören oder Ihnen ein Nachbar erzählt, welche wunderbaren Rosen er gezüchtet hat. Diese und alle anderen Themen können Ihr Trainingsfeld sein.

Bei den neuesten Wirtschaftsdaten wird es mit dem Interessenspegel sicherlich noch gut klappen, doch interessant wird die Sache mit dem Interessenspegel bei dem Gespräch über die neue Rosenzüchtung. Wenn Sie ebenfalls Anhänger der Rosenzucht sind, wird Ihr Aufmerksamkeitspegel sehr hoch sein. Sind Rosenzüchtungen allerdings nicht so sehr Ihr Metier, dann stoßen Sie auf ein umso interessanteres Trainingsfeld.

Nun können Sie Ihren Interessenspegel trainieren. Dieses Training ist aus folgendem Grund sehr wichtig. Sie werden immer wieder in Ihren Gesprächen und Verhandlungen auf Themen stoßen, die Sie persönlich nicht so sehr interessieren. Doch genau in den Momenten können Sie mit einer aufmerksamen Hinhörtaktik wichtige Botschaften erhalten. Vielleicht erfahren Sie etwas Wichtiges über seine Person, seine Vorlieben oder sogar über sein Unternehmen. Sind Ihre Hinhörqualitäten allerdings nicht so ausgeprägt, entgehen Ihnen diese Botschaften. Und das kann unter anderem ein Grund sein, weshalb Sie in diesem Gespräch nicht so erfolgreich sein werden, wie Sie es sich wünschen.

Ihren Interessenspegel steigern Sie mit folgenden Faktoren: Neugier und Offenheit! Jetzt ist Neugier nicht unbedingt ein sehr positiv besetztes Wort. Doch wenn Sie Ihren Interessenspegel nach oben katapultieren möchten, kommen Sie um die Entwicklung Ihrer Neugier nicht herum.

Jeder große Fortschritt auf unserem Planeten ist letztendlich auf die Neugier von Lebensgewinnern zurückzuführen. Bei Wissenschaftlern nennt man das Ganze allerdings nicht Neugier, sondern Forscherdrang. Doch nur wenn ein Wissenschaftler neugierig ist, entwickelt er diesen Forscherdrang, der ihn zu interessanten Ergebnissen führt.

Für Sie bedeutet das, dass Sie zu einem Menschenforscher werden könnten. Interessieren Sie sich in den nächsten Wochen einmal sehr bewusst für Menschen und deren Geschichten. Dadurch erhöhen Sie Ihren Interessenspegel ganz automatisch. Ein weiterer Vorteil dieses Forscherdrangs ist, dass Sie ohne es zu merken, Ihre Hinhörqualitäten trainieren. Und das ist ja das Ziel dieses Trainings.

Den zweiten Faktor, die Offenheit, trainieren Sie, indem Sie in den nächsten Wochen bewusst darauf achten, sich keinem Thema zu verschließen. Sollte das in Ihrem Beruf zeitlich ein Problem darstellen, dann trainieren Sie Ihre Offenheit eben in Ihren Privatgesprächen. Achten Sie in dieser Zeit darauf, dass Sie bewusst kein Thema abblocken und stattdessen lieber Neugierde für den jeweiligen Gesprächsgegenstand entwickeln. Sollte Ihnen das schwerfallen, dann ist das wunderbar. Denn nun haben Sie einen wichtigen Punkt entdeckt, der Ihre Hinhörqualitäten entscheidend verbessert.

Ihre privaten Gesprächspartner werden allerdings vermutlich aus dem Staunen nicht mehr herauskommen, wenn Sie sich plötzlich für Dinge interessieren, die Ihnen früher egal waren. Durch dieses neue Training werden auch Ihre privaten Beziehungen zu Freunden, Partnern und Ihren Kindern eine neue Qualität erhalten. Wenden Sie diese Offenheit und Neugierde dann in Ihrem beruflichen Terrain an, so werden selbstverständlich auch Ihre beruflichen Kontakte schon jetzt eine höhere Qualität erhalten. Ein besseres Hinhörtraining gibt es nicht.

Mit dem folgenden Faktor entwickeln Sie Ihre hellseherischen Fähigkeiten nun weiter. Dieser Faktor ist Ihre Aufmerksamkeit. Durch das Training der Offenheit und das Entwickeln einer gesunden Neugier wird Ihre Aufmerksamkeit zwar automatisch trainiert, dennoch werden Sie immer wieder feststellen, dass trotz Ihrer gesunden Neugier und Ihrer bewussten Offenheit Ihre Aufmerksamkeit nicht immer ganz bei Ihren Gesprächspartnern ist. Das gilt umgekehrt natürlich auch für Ihre Gesprächspartner.

Dieses Abschweifen der Aufmerksamkeit hat zwei Ursachen, die sich praktisch im Weg stehen. Die eine Ursache ist das Sprechtempo, die andere ist unser Denktempo. Denn das Sprechtempo ist bei den meisten Menschen bedeutend langsamer als das Denktempo. Dieser Geschwindigkeitsunterschied hat sehr viele gute Seiten. Durch die Schnelligkeit unserer Gedanken sind wir beispielsweise in der Lage, gewisse Situationen in Bruchteilen von Sekunden zu erfassen. Das kann manchmal überlebenswichtig sein. Mit Hilfe unseres schnellen Denktempos können wir zudem Gedanken sehr schnell vorformulieren, die wir dann als Sprachbotschaft unseren Gesprächspartnern übermitteln. Auf diese Art und Weise sind wir mit unseren Gedanken dem gesprochenen Wort meist um einiges voraus. Könnten wir also nicht so schnell denken, würden unsere Gespräche um einiges langsamer verlaufen. So weit, so gut.

Kommen wir nun zum eigentlichen Problem. Da unser Gehirn permanent arbeitet und Gedanken produziert, sind wir oftmals nicht in der Lage, unseren Gesprächspartnern aufmerksam zu folgen. Auch wenn unser Gesprächspartner ein Schnellsprecher wie Dieter Thomas Heck ist, schlägt unser Denktempo immer noch sein Sprechtempo. Wird dieses rasante Denktempo dazu genutzt, um unsere nächsten Sätze vorzuformulieren, ist das eine feine Sache. Sorgt unser Denktempo allerdings dafür, dass wir unserem Gegenüber gar nicht mehr folgen, weil wir uns gedanklich mit etwas anderem beschäftigen, sieht es mit unseren Hinhörqualitäten schon nicht mehr besonders gut aus.

Wir Menschen können zwar mit unseren Gedanken schnell hin und her schalten, doch wenn wir gedanklich irgendwo festgefahren sind, schalten wir sehr oft nicht mehr rechtzeitig zurück. Folgendes Beispiel wird Ihnen diesen Vorgang verdeutlichen.

Mitarbeiter: „
Im Urlaub auf Sylt ist mir folgende Idee gekommen: Wenn wir zur kommenden Saison unseren Werbeauftritt neu konzipieren können, haben wir den idealen Zeitpunkt, um unser überarbeitetes Logo in die Köpfe der Endverbraucher zu katapultieren. Was halten Sie davon?"

Unternehmer:
„Was wollen wir in die Köpfe der Endverbraucher katapultieren?"

Mitarbeiter:
„Das sagte ich doch gerade! Unser neues Logo!"

Kommt Ihnen dieser Gesprächsverlauf irgendwie bekannt vor? Was ist passiert? Bei dem Wort Urlaub auf Sylt, hat der Unternehmer in diesem Beispiel vielleicht folgendes gedacht: *„Mensch Urlaub, den könnte ich jetzt auch gut gebrauchen. Alle Mitarbeiter hatten schon Urlaub, nur ich nicht."* Genau als er dies dachte, sendete der Mitarbeiter, die Botschaft von dem neuen Logo, die sozusagen in den Gedanken des Unternehmers untergegangen ist. Aus diesem Grund fragte er nach. Der Unternehmer war in diesem Moment zwar körperlich anwesend, jedoch geistig für einen kurzen Moment abwesend. Genau dieser Augenblick der Abwesenheit, kann in einem wichtigen Gespräch zu folgenschweren Missverständnissen führen. Er kann aber auch Grund für eine entscheidende Wissenslücke sein, die sich zu einem späteren Zeitpunkt als negativ für die Zusammenarbeit mit dem Partner erweist.

Damit Ihnen das in Zukunft immer seltener passiert, sollten Sie nur einen Tipp beachten:

Kontrollieren Sie Ihre Gedankenimpulse!

Auch diesen Tipp können Sie in jedem Gespräch trainieren.

Der erste Schritt ist: Achten Sie zunächst einfach auf die immer wieder auftauchenden Impulse während Ihrer Gespräche.

Der zweite Schritt ist: Schicken Sie die nicht zum Gespräch gehörenden Impulse wieder weg. Das gelingt Ihnen am besten, wenn Sie das Signalwort - hinhören - anwenden.

Anhand des vorab genannten Beispiels sehen Sie wie das Ganze in der Praxis funktioniert:

Bei dem Gedanken *„Mensch Urlaub, den könnte ich jetzt auch gut gebrauchen. Alle Mitarbeiter hatten schon ihren Urlaub, nur ich nicht"* braucht der Unternehmer in seiner Trainingsphase nur an das Signalwort - hinhören - zu denken.

Und genau auf diese Art und Weise verfahren Sie mit allen störenden Gedankenimpulsen.

Beginnen Sie am besten mit einer Minute Hinhörtraining. Das bedeutet eine Minute ohne themenfremde Gedankenimpulse. Dann steigern Sie sich auf zwei, drei Minuten und so weiter. Sie werden sehen, das ist gar nicht so einfach. Doch mit der Zeit wird Ihnen auch dieses Training immer leichter fallen.

Ein wunderbarer Nebeneffekt dieser Vorgehensweise, ist die weitere Entwicklung zu einem Gegenwartsmeister. Denn beim Hinhören bleibt Ihnen nichts anderes übrig, als sich in der Gegenwart aufzuhalten. Immer wenn Ihre Gedanken abschweifen, landen Sie entweder gedanklich in der Zukunft bzw. in der Vergangenheit. Auch hierfür will ich Ihnen ein Beispiel geben: *„Oh, Gott, Urlaub das wäre schön!"* (Zukunft) oder *„Mein letzter Urlaub ist schon so lange her!"* (Vergangenheit) Sie sehen, dass sich das Hinhörtraining auch für einen Gegenwartsmeister lohnt.

Durch das bessere Hinhören und das daraus resultierende schnellere Verstehen vermitteln Sie Ihrem Gegenüber oftmals den Eindruck eines Hellsehers, denn Sie werden in Ihren Gesprächen deutlich seltener nachfragen müssen. Auch diese Fähigkeit zeichnet einen Lebensgewinner aus.

Wer Gewinn garantiert, wird zum Lebensgewinner!

Gewinner erzeugen keine Verlierer. Gewinner sorgen stets für den Gewinn aller Beteiligten. Sie überreden niemanden, sondern überzeugen allenfalls ihre Gesprächspartner vom beiderseitigen Gewinn. Damit auch Ihnen diese Kunst gelingt, benötigen Sie nur diese drei Gewinnerstrategien:

> **Überzeugen Sie sich selbst!**
> **Stellen Sie den Gewinn aller Beteiligten**
> **in den Vordergrund!**
> **Argumentieren Sie kraftvoll!**

Der Motivationseffekt, den Sie mit dieser Kunst erzielen, ist bedeutend höher als Sie dies mit Überreden oder Befehlen jemals erreichen können. Und der Motivationseffekt ist in den meisten Ihrer Gespräche ein sehr erheblicher Effekt.

Die wichtigste Grundlage, um Menschen überzeugen zu können ist:

Ihre persönliche Überzeugung!

Ohne die eigene Überzeugung, sich und andere Menschen zu Gewinnern zu machen, haben Sie keine allzu großen Chancen andere Menschen dauerhaft zu überzeugen. Sollten Sie nur zu 80 Prozent hinter Ihrer eigenen Botschaft stehen, dann haben Sie kaum Chancen einen kritischen Gesprächspartner zu überzeugen. Ihnen fehlen ganz einfach 20 Prozent an Überzeugungskraft. Übrigens ein Phänomen, dass bei Verkaufspersonal immer wieder zu Tage tritt.

Ist ein Verkäufer komplett von seinem Produkt überzeugt, und ist er vor allen Dingen zu 100 Prozent sicher, seine Kunde mit diesem Produkt zu einem Gewinner zu machen, dann ist es für ihn ein Leichtes, seine Kunden zu überzeugen.

Letztendlich ist ja jedes Gespräch, in dem jemand überzeugt werden soll, ein Verkaufsgespräch. Das gilt für den Wissenschaftler, der Geld für ein bestimmtes Forschungsprojekt benötigt, genauso wie für den Vorstandsvorsitzenden eines Unternehmens, der seinen Aktionäre irgendwelche Maßnahmen dringend erforderliche Maßnahmen präsentiert. Je mehr diese Menschen persönlich davon überzeugt sind, sich und die anderen zu Gewinnern zu machen, desto größer ist die Chance, dass es gelingt, die anderen zu überzeugen.

Wenn Sie erst einmal die Kunst der Überzeugung beherrschen, werden Sie feststellen, dass Sie mit immer weniger Einwänden konfrontiert werden. Denn die Kunst der Überzeugung besteht darin, seinen Standpunkt bzw. sein Vorhaben so überzeugend darzulegen, dass Bedenken und Einwände auf Seiten des Gesprächspartners erst gar nicht auftauchen. Das ist zwar nicht immer erstrebenswert, da ein ergebnisorientiertes Gespräch auch von den Bedenken des Gesprächspartners lebt. Auf der anderen Seite werden Sie feststellen, dass durch die Kunst der Überzeugung so manches Gespräch erheblich produktiver und ergebnisorientierter verläuft, als dies bisher der Fall war.

Die zweite Voraussetzung für Ihre erfolgreiche Überzeugungsarbeit ist also:

Das Entwickeln von Gewinn bringenden Argumenten!

Ein Argument ist immer dann überzeugend, wenn der Gesprächspartner erstens Ihr Argument nachvollziehen kann und zweitens durch Ihr Argument den Gewinn für sich selbst erkennen kann. Demnach sollten wir uns folgende Fragen stellen: Welche Faktoren müssen gewährleistet sein, damit der Gesprächspartner Ihr Argument nachvollziehen kann, und welche Faktoren tragen zur Akzeptanz Ihrer Argumente bei.

Zwei Faktoren sorgen dafür, dass Ihre Argumente für Ihren Gesprächspartner nachvollziehbar sind:

1. Formulieren Sie verständlich!
2. Senden Sie auf dem Empfangskanal des Empfängers!

Verständlich formulieren bedeutet: Drücken Sie sich einfach aus. Meiden Sie Worthülsen, und bombardieren Sie Ihren Gesprächspartner nicht mit irgendwelchen Fremd- und Fachworten, die er aller Wahrscheinlichkeit nicht verstehen kann. Anders sieht es aus, wenn Sie mit einem Profi aus Ihrem Fachgebiet sprechen sollten, dann können Sie sich natürlich des branchenspezifischen Vokabulars bedienen. Bei allen branchenfremden Gesprächspartnern gilt: Kompetenz wird nicht durch Fachchinesisch signalisiert, sondern durch den Inhalt Ihrer Aussagen.

Ein gutes Beispiel hierfür ist die Werbe- und Marketingbranche. Wenn Sie hier einem Vollprofi über den Weg laufen, kann es passieren, dass Sie sich besser mit einem Fremdsprachen-Wörterbuch oder noch besser mit einem Wörterbuch für Marketingleiter ausgerüstet hätten. Manche Marketingchefs werden nicht einmal in ihren eigenen Unternehmen verstanden und wundern sich dann, dass ihre Strategien nicht akzeptiert und gut geheißen werden. Ähnliche Verhaltensweisen kennen Sie vielleicht von Ärzten, die ihre Patienten mit medizinischen Fachbegriffen überschütten.

Damit Ihnen dieses Verständnisproblem nicht selbst unterläuft, merken Sie sich ganz einfach die folgende Botschaft:

Passen Sie Ihren Wortschatz den Gesprächspartnern an!

Durch aufmerksames Hinhören bekommen Sie sehr schnell heraus, welchen aktiven Wortschatz Ihr Gesprächspartner besitzt. Und wenn Sie sich darauf einstellen, steht Ihrer Verständigung kaum noch etwas im Wege. Verwendet Ihr Gesprächspartner viele Fachwörter aus Ihrem Fachbereich, können Sie getrost ebenfalls Ihren Fachwortschatz benutzen. Ist dies nicht der Fall, verzichten Sie eben auf Fachwörter. Lässt es sich absolut nicht umgehen, Ihre Argumente mit Fachtermini zu beschreiben, liefern Sie am besten gleich eine Definition dieser Fachbegriffe mit. Passen Sie dabei aber unbedingt auf, dass Sie nicht zum Oberlehrer werden.

Wenn Sie vor dem Beginn Ihrer Argumentation wirklich gut hinhören, dann erhalten Sie eine weitere Botschaft, die für Ihr weiteres Vorgehen von großer Bedeutung sein kann.

Jeder Mensch verwendet nämlich Begriffe, die sozusagen Schlüssel zu seinem Innenleben sind. Wenn Sie einen dieser Schlüssel entdecken, erleichtert er Ihre Argumentation um ein Vielfaches. Anders ausgedrückt, benutzt jeder Mensch einen ganz bestimmten und immer gleichen Empfangs- und Sendekanal. Wenn Sie nun in der Lage sind, die Wellenlänge, auf der Ihr Gesprächspartner sendet, herauszufinden, und Sie sich dann noch darauf einstellen können, erleichtert dies Ihre Argumentation in hohem Maße.

Folgendes Beispiel soll Ihnen die Wirkungsweise verdeutlichen:

Geschäftsführer:
„Wie ich sehe, können Sie sich von dieser Angelegenheit bereits ein Bild machen. "

Projektleiter:
„Ehrlich gesagt, nein. Für mich klingt das Ganze noch nicht so logisch. "

Geschäftsführer:
„Dass dieses Projekt funktionieren wird, muss doch für alle Kunden einleuchtend sein. "

Projektleiter:
„Für Sie klingt das alles logisch. Doch unsere Kunden sind durch diese Maßnahme mehr als verstimmt. "

Und ist Ihnen etwas aufgefallen? Beide Gesprächspartner haben auf unterschiedlichen Wellenlängen gesendet. Der Geschäftsführer hat vor allen Dingen auf dem visuellen Kanal und der Projektleiter auf dem auditiven Kanal gesendet. Sie haben visuell oder auditiv nicht verstanden? Das ist prima. Ich wollte Ihnen nur einmal zeigen, dass ich auch das ein oder andere Fremd- und Fachwort kenne.

Der visuelle Kanal bedeutet, dass der Geschäftsführer besonders über seinen Sehkanal empfängt und sendet. Mit dem auditiven Kanal des Projektleiters ist auf gut Deutsch der Hörkanal gemeint. Der Projektleiter sendet und empfängt besonders gerne auf diesem Weg.

Wenn Sie aufmerksam hinhören, wie Ihre Mitmenschen sprechen, entdecken Sie sehr schnell, dass jeder Mensch bevorzugte Kommunikationskanäle benutzt. Achten Sie in nächster Zeit einmal darauf, welche Schlüsselworte Ihre Mitmenschen gerne und häufig benutzen. Damit Ihnen diese Hinhörübung etwas leichter fällt, nutzen Sie die nachstehende Wortliste, die Ihnen einige Begriffe zu den jeweils unterschiedlichen Kanälen Ihrer Mitmenschen liefert. Auf diese Art und Weise finden Sie schnell heraus, auf welcher Wellenlänge Ihr Gesprächspartner sendet und empfängt.

Schlüsselworte des visuellen Kanals:
Offen**sicht**lich, **sicht**bar, voraus**schau**end, vor**sicht**ig, ein**seh**en, **hell** und **klar**, sich **sehen** lassen, **glänz**end, be**leucht**en, **augenblick**lich, ab**sicht**lich, nach**sicht**ig, un**klar**, über**sehen**, un**schein**bar, **Gesichts**punkt, unab**seh**bar, ver**seh**entlich

Schlüsselworte des auditiven Kanals:
Ver**rufe**n, an**sprech**end, be**tont**, laut, ein**tön**ig, An**klang** finden, ein**berufe**n, viel**versprech**end, im Ein**klang**, ver**schweigen**, ver**stimmt**, **leise**, Miss**stimmung** erzeugen, nichts**sagend**, auf**hör**en

Neben dem visuellen und auditiven Kanal gibt es noch den kinästhetischen Kanal. Also noch ein Fremdwort. Kinästhetisch bedeutet Gefühlskanal. Menschen, die bevorzugt auf diesem Kanal senden und empfangen, benutzen Worte des Fühlens.

Schlüsselworte des kinästhetischen Kanals:
Ver**bind**lich, be**last**ende, be**drück**end, emp**finden**, auf**geben**, nach**ge-ben**, un**beweg**lich, er**leicht**ern, **geht** wie von alleine, be**greifen**, **leicht nehmen**, auf**lösen**, wider**stehen**, aus**halten**, ab**heben**, **schwer**fällig

Auch hier gilt die Devise: Übung macht den Meister. Mit der Zeit werden Sie immer mehr Worte finden, die Sie den einzelnen Kanälen zuordnen können. Allerdings brauchen Sie sich nicht zum Kanalsucher entwickeln. Es genügt, wenn Sie sich auf die jeweilige Wellenlänge einstellen können.

Entdecken Sie bei einigen Menschen keinen bevorzugten Kanal, dann konzentrieren Sie sich auf andere Schlüsselwörter, die bei Ihrem Gesprächspartner häufig vorkommen.

Das können zum Beispiel folgende Begriffe sein:
Wunderbar, traumhaft, logisch, faszinierende, gerne, ungern, denken, lernen, wissen, erinnern, analysieren, gut, schlecht, kenne, interpretieren, vernünftig verändern, kommunizieren, glauben, planen, diagnostizieren, usw.

Diese Liste ist natürlich unvollständig und ist auch nur als Anhaltspunkt gedacht. Möchten Sie zum Meisterentdecker von Schlüsselwörtern werden, dann können Sie mit folgender Übung Ihre Schlüsselwortqualitäten ausbauen.

Notieren Sie sich den Namen eines Ihnen bekannten Menschen und schreiben Sie seine Lieblingsworte auf.

Ein Beispiel:

Name:

Emma

Häufig benutzte Worte:

Lieb, teuer, traumhaft, wunderbar

Jetzt sind Sie an der Reihe:

Name:

Häufig benutzte Worte:

Sie werden am Anfang Ihrer Trainingszeit feststellen, dass das Einstellen auf den jeweiligen Kanal gar nicht so leicht ist. Denn was für Ihre Mitmenschen Gültigkeit hat, gilt natürlich auch für Sie. Auch Sie haben einen bevorzugten Kanal, auf den Sie sich eingestellt haben. Und das nicht erst seit gestern, sondern wahrscheinlich schon seit Jahrzehnten. Aus diesem Grund ist es gar nicht so einfach, die Kommunikationskanäle der Gesprächspartner aufzuspüren. Dieser Vorgang bedarf einiger Übung. Doch dieses Training hat nicht nur den Vorteil, dass Sie sich mit Ihren Argumenten besser auf Ihre Gesprächspartner einstellen können, sondern dieses Training erweitert mit der Zeit auch Ihren aktiven Wortschatz. Das macht Ihre Sprache abwechslungsreicher und interessanter für Ihre Zuhörer.

Sobald Sie Ihre Argumente nach den oben genannten Kriterien gesendet haben, überprüfen Sie anschließend mit einer einfachen Kontrollfrage, ob der Empfänger Ihr Argument auch verstanden hat. *„Konnten Sie meine Argumente nachvollziehen?"*, ist solch eine Frage. Je nachdem wie die Antwort ausfällt, agieren Sie nun weiter. Entweder Sie erklären Ihr Argument mit anderen Worten oder Sie bearbeiten den aufgedeckten Einwand. Vielleicht sind Sie ja auch schon am Ziel Ihres Gesprächs angelangt.

Konnten Sie bisher alles ver**stehen**?
Sehen Sie jetzt **klarer**?
Klingt das alles logisch für Sie?

Kommen wir nun zu dem Faktor, der zur Akzeptanz Ihrer Botschaft beiträgt:

Der sichtbare Gewinn für alle Beteiligten!

Der sichtbare Gewinn für alle Beteiligten erfordert lediglich eine Maßnahme. Überlegen Sie, welche Vorteile sich für alle Beteiligten ergeben? Erst wenn Ihr Gesprächspartner erkennt, welchen Gewinn auch er von Ihrem Angebot hat, wird er bereit sein, Ihren Argumenten zu folgen. Oftmals werden Argumente aus einer sehr einseitigen Sichtweise dargelegt. Stattdessen sollten Sie vor allen Dingen die Vorteile für die Beteiligten im Auge haben. Zwei Aussagen verdeutlichen Ihnen den Unterschied.

1. *„Ich sehe das eben so und bin der Meinung, dass dies der einzige Weg ist, um auch in Zukunft Erfolg zu haben."*

2. *„Wenn Sie sich meiner Meinung anschließen können, hätte das folgende Vorteile für Sie und Ihre Abteilung. 1. 2. 3. . Natürlich würde auch das gesamte Unternehmen aus diesem und jenem Grund davon profitieren."*

Haben Sie den Unterschied bemerkt? Im ersten Beispiel wollte jemand seine Meinung durchboxen. Im zweiten Beispiel hat man die Auswirkungen für alle Beteiligten beleuchtet. Um was es auch immer geht bei Ihrer Argumentation, stellen Sie nicht Ihre Meinung in den Vordergrund, sondern legen Sie stets dar, welche Vorteile alle Beteiligten haben.

Damit Sie diese Vorgehensweise der Lebensgewinner gleich für die Praxis trainieren können, nutzen Sie die Chance der folgenden Übung.

Lassen Sie sich zu jedem Argument ein paar mögliche Vorteile für die Beteiligten einfallen und formulieren Sie die folgenden Argumente einfach um.

„Bei diesem hohen Auftragseingang müssen wir einfach die nächsten sechs Sonntage durcharbeiten."

Ihre Formulierung:

....

....

....

„Ich möchte aber, dass Sie die Mitarbeiterbeurteilungsgespräche zwei Mal im Jahr durchführen."

Ihre Formulierung:

....

....

....

„Ich kann Ihnen den Rabatt nur bei Abnahme von 1000 Stück pro Artikel einräumen."

Ihre Formulierung:

....

....

....

Und jetzt können Sie sich noch ein paar eigene Argumente notieren, die Sie gegebenenfalls in Ihrem Alltag des Öfteren gebrauchen. Denken Sie auch hierbei an den Gewinn für die beteiligten Personen, Firmen oder Arbeitsbereiche.

1. ....

....

....

....

2. ....

....

....

....

3. ....

....

....

....

Bringen Sie ab jetzt Ihre Argumente immer so vor, dass Ihre Gesprächspartner sofort die daraus entstehenden Vorteile erkennen. Sie werden sehen, dass Sie sich auf diese Art und Weise so manche endlose Diskussion ersparen. Vor allen Dingen aber wird der Motivationseffekt bei Ihren Gesprächspartnern durch diese Art der Argumentation beträchtlich erhöht.

Jetzt gibt es noch eine Feinheit, die Sie vollends zum Meister der Überzeugung machen wird:

Die Kraft Ihrer Worte!

Um erfolgreiche Überzeugungsarbeit zu leisten, verwenden Sie vor allem ausdrucksstarke Worte und meiden Sie Abschwächungen, wie „eigentlich" oder „eventuell". Unterlassen Sie den Gebrauch des Konjunktivs. Also „könnte" und „würde" sollten bei Ihrer Überzeugungsarbeit so gut wie nicht vorkommen. Die Ausnahme von dieser Regel sind Situationen, in denen Sie die Kompromissbereitschaft des anderen fördern wollen. *„Könnten Sie sich das vorstellen?"*, wäre eine dementsprechende Formulierung.

Mit ausdrucksstarken Worten sind alle Begriffe gemeint, die Ihrem Anliegen Kraft verleihen. Anstatt zu formulieren *„Ich finde diesen Vorschlag gut!"*, sollten Sie lieber sagen *„Ich finde diesen Vorschlag begeisternd!"*. Merken Sie wie anders das klingt? Es besteht ein gewaltiger Unterschied darin, ob Sie Ihrem Gesprächspartner mitteilen, dass Sie etwas gut oder begeisternd, phänomenal oder auch überwältigend finden. Hinter den Vokabeln - begeisternd, phänomenal und überwältigend - steckt bedeutend mehr Überzeugungskraft als hinter dem Wort - gut -.

Die meisten Menschen sind nicht gerade dazu erzogen worden, sich derart kraftvoll auszudrücken. Dementsprechend bedarf es einiger Übung, um sich solche Worte anzueignen und diese in den aktiven Sprachwortschatz zu integrieren. Doch wie Sie bereits wissen, ist mit einem begeisternden Training alles möglich. Am besten trainieren Sie diese ausdrucksstarken Worte mit Hilfe geschriebener Texte. Sie können sich zum Beispiel immer, wenn Sie einen Text in einer Zeitung oder in einem Buch lesen, überlegen, wie man die jeweilige Aussage ausdrucksstärker formulieren kann. Möchten Sie sich zum Meister des starken Ausdrucks entwickeln, dann nehmen Sie am besten ein Synonymwörterbuch zur Hand und suchen sich die jeweils passenden Worte für Ihre ausdrucksstarken Formulierungen heraus. Auch die Thesaurusprogramme auf Ihrem Computer liefern Ihnen hervorragende Möglichkeiten, Ihren Worten außergewöhnlichen Nachdruck zu verleihen. Alleine für das Wort - gut - finden Sie im Schreibprogramm von „Microsoft Word" 16 Alternativen. Neben dem Training der ausdrucksstarken Worte, erweitern Sie auch auf diese Art und Weise Ihren Wortschatz extrem. Es ist eben ein enormer Unterschied, ob Ihnen jemand sagt *„Ich finde diese Lösung eigentlich ganz gut!"* oder ob Ihnen jemand sagt *„Mit dieser Lösung garantiere ich Ihnen einen überdurchschnittlichen Erfolg!"*.

Damit Sie sich gleich an das wirkungsvolle Training der starken Worte machen können, formulieren Sie die nachfolgenden Sätze in ausdrucksstarke Aussagen um:

„Dieses Problem ist vielleicht mit dieser guten Lösung zu erledigen!"

....

„Mit unserem Unternehmen haben Sie einen zuverlässigen Partner!"

....

„Diese Produktserie ist eigentlich genau das Richtige für unsere Kunden!"

....

Sind Ihnen einige starke Formulierungen eingefallen? Ich bin mir sicher, dass Ihnen absolut begeisternde und überaus überzeugende Formulierungen eingefallen sind. Achten Sie in den nächsten Tagen auf Ihre ausdrucksstarken Worte, und begeistern Sie Ihre Gesprächspartner mit Gewinn bringenden Argumenten. Auf diese Art und Weise verleihen Sie Ihren Argumenten eine enorme Power, die so manchen Skeptiker in Ihrem Umfeld nicht nur überzeugen, sondern auch begeistern wird.

Jetzt steht Ihrer begeisternden Gesprächsführung als Lebensgewinner absolut nichts mehr im Weg und Sie können sich mit Enthusiasmus in die kommenden Gespräche stürzen. Und schon bevor Ihre Gespräche starten, wissen Sie, dass Sie allen Kommunikationssituationen nicht nur gewachsen sind, sondern diese auch souverän meistern.

Das Wunderbare an den Tipps in diesem Kapitel ist, dass Sie mit dem Training Ihrer Sprache gleichzeitig Ihr Denksystem enorm weiterentwickeln. Denn alles, was Sie aussprechen, müssen Sie zwangsläufig vorher gedacht haben. Sie erweitern demnach nicht nur Ihren Wort-, sondern auch Ihren Gedankenschatz. Wer kraftvolle Worte benutzt, besitzt auch kraftvolle und motivierende Gedanken. Er denkt eben wie ein Lebensgewinner.

Gewinner wirken souverän!

Lebensgewinner haben nichts zu verlieren. Denn sie wissen: Egal, was passieren wird und wie die unterschiedlichen Gespräche verlaufen werden, es gibt immer wieder neue Chancen, um sich und seine Mitmenschen zum gemeinsamen Gewinn zu führen. Und genau diese Grundeinstellung hilft allen Lebensgewinnern bei ihrer souveränen Haltung in allen Lebenslagen. Mit diesen drei Gewinnerstrategien werden auch Sie locker und souverän durchs Leben gehen.

> **Entwickeln Sie ein Frühwarnsystem!**
> **Überdenken Sie Ihren Standpunkt!**
> **Wandeln Sie Totalblockaden in neue Chancen!**

Jede Art des Widerspruchs kann bereits eine Gesprächsblockade sein. Sei es nur, dass Ihr Gesprächspartner eine andere Meinung hat als Sie oder dass Ihr Partner einfach keine Lust hat, Ihrer Argumentation zu folgen.

Gelingt es Ihnen nicht, diese Blockaden in einem Gespräch aus dem Weg zu räumen, wird es aller Wahrscheinlichkeit nach sehr schwer, gemeinsam eine Gewinn bringende Lösung zu finden. Mit Hilfe der Verständnismethoden haben Sie auf jeden Fall schon einmal ein sehr wichtiges Instrument in der Hand, um kleinere Gesprächsblockaden aus dem Weg zu räumen.

Schauen wir uns nun einmal an, mit welchen Hauptblockaden Sie in den unterschiedlichen Gesprächen zu rechnen haben und wie Sie diese Blockaden überwinden können.

Blockade Nr. 1 haben Sie bereits kennen gelernt. Das ist das aneinander Vorbeireden der beteiligten Gesprächspartner.

Blockade Nr. 2 ist die oftmals fehlende Information. Wie Sie an diese Informationen gelangen, haben Sie ebenfalls schon erfahren.

Blockade Nr. 3 ist der normale Einwand oder die gegenteilige Meinung Ihres Gegenübers, den Sie aus Ihren Gesprächen kennen.

Blockade Nr. 4 ist die völlig konträre Sichtweise Ihres Gesprächspartners.

Blockade Nr. 5 ist vielleicht die Schwierigste: Ihr Gesprächspartner will - aus welchen Gründen auch immer - nicht mit Ihnen zu einem erfolgreichen Gesprächsabschluss kommen.

Diese fünf Gesprächsblockaden treten nach meiner Erfahrung am häufigsten auf und werden Ihnen immer wieder einmal begegnen. Die Kunst besteht nun einfach darin, diese Blockaden nicht nur aus dem Weg zu räumen, sondern sie auch noch für den erfolgreichen Gesprächsverlauf zu nutzen. Mit Blockade Nr. 1 und 2 dürften Sie mittlerweile keine Probleme mehr haben. Und wenn Sie die nun folgenden Zeilen ebenfalls durchgelesen und durchgearbeitet haben, kann es sogar sein, dass Sie sich auf alle anderen Gesprächshindernisse freuen. Das wäre doch ein großer Erfolg, oder etwa nicht?

Alleine das Erkennen von Blockaden reicht oftmals leider nicht aus, um diese aus dem Weg zu räumen. Ist eine oder sogar mehrere Blockaden schon über längere Zeit Bestandteil eines Gesprächs, kann es sogar sehr schwer werden, diese auszuräumen, geschweige denn sie zum beiderseitigen Vorteil zu nutzen. Das Ergebnis von zu spät erkannten Blockaden ist meist eine Verhärtung der Fronten, die nicht allzu leicht wieder aufzuweichen ist.

Achten Sie also stets darauf, dass Sie rechtzeitig einschreiten, wenn Sie der Meinung sind, es fehlen Ihnen Informationen oder Sie und Ihr Gesprächspartner reden aneinander vorbei. Wie Sie in einem solchen Fall vorgehen, haben Sie in diesem Buch bereits erfahren. Trotzdem erlaube ich mir den Hinweis, dass gerade bei dem Thema Blockaden das bewusste Hinhören von außerordentlicher Bedeutung ist. Bereits ein kleiner Einwand, der nicht früh genug berücksichtigt wurde, kann schon enorme Verhärtungen in einem Gespräch nach sich ziehen. Aus diesem Grund lautet die erste Regel im Umgang mit Blockaden:

Wehret den Anfängen!

Es sollte möglichst auf jeden noch so kleinen Einwand umgehend eingegangen werden. Statt über darüber hinwegzugehen, stellen Sie sich diesem Einwand lieber und bemühen Sie, ihn entweder zu entkräften oder auch zu akzeptieren. Reagieren Sie nicht auf diese kleinen Blockaden, kann es sein, dass Ihr gesamtes Gesprächsergebnis darunter leiden wird. Hierzu ein kleines Beispiel:

Unternehmer:
„Wir werden also ab nächsten Monat mit dem neuen Projekt starten."

Mitarbeiter:
„Ich finde nicht, dass wir das Projekt schon so früh starten sollten."

Unternehmer:
„Wenn wir also mit diesem Projekt erfolgreich sein wollen, müssen wir alle möglichen Vorbereitungen optimal gestalten."

Mitarbeiter:
„Ich weiß überhaupt nicht, ob dieses Projekt so erfolgreich sein wird, wie Sie sich das vorstellen."

Der erste Einwand, der zu frühe Start des Projekts wurde von dem Unternehmer einfach überhört. Das kann der Grund dafür gewesen sein, dass der zweite Einwand des Mitarbeiters fast schon ein Totalangriff auf das geplante Projekt ist. Denn wir Menschen mögen es nicht besonders, wenn man unsere Meinung nicht registriert oder diese sogar überhört. Da kann es durchaus passieren, dass wir aus Trotz ganze Projekte oder Vorschläge torpedieren. Das mag objektiv nicht gerade sehr professionell erscheinen, aber viele Menschen sind nun einmal sehr empfindlich. Und wie Sie bereits wissen, wird der Großteil unserer Entscheidungen nicht von unserem Kopf, sondern von unseren Emotionen bestimmt.

In diesem Fall hätte der Unternehmer wenigstens auf den zeitlichen Einwand reagieren müssen, und wenn seine Reaktion nur mit folgendem Hinweis erfolgt wäre *„Auf den Zeitfaktor komme ich später noch einmal zu sprechen!"*. Obwohl er mit dieser Methode den Einwand nicht gleich behandelt hat, vermittelt er dem Mitarbeiter auf diese Weise das Gefühl: Ich habe dich gehört und akzeptiere deine Reaktion.

Und genau das ist das Gefühl, dass Lebensgewinner ihren Gesprächspartnern bei jeder Blockade vermitteln sollten. Jede gegenteilige Reaktion fördert nur weitere Blockaden, die Ihnen das Leben schwermachen können.

Ein Abschmettern des Einwands, ein Weghören oder auch eine unsachliche Reaktion, wie zum Beispiel *„Das ist typisch für Sie"*, ziehen oftmals weitere Gesprächsblockaden nach sich, die emotional begründet sind.

Wird das Gespräch schwerfällig oder stockt es sogar, dann sind das Signale, die bei Ihnen immer einen Alarm auslösen sollten. Denn gerät ein Gespräch ins Stocken, dann stecken in den meisten Fällen ein oder sogar mehrere Einwände dahinter. Also müssen Sie ein Frühwarnsystem entwickeln.

Liegt der Einwand nicht sofort auf der Hand, ist er also nicht unmittelbar für Sie erkennbar, kann es durchaus sein, dass Sie diesen Einwand bereits vor längerer Zeit entweder überhört oder ignoriert haben. Jetzt haben Sie zwei Möglichkeiten.

Die eine Möglichkeit ist, Sie fragen Ihren Gesprächspartner nach seinem Einwand. Das könnte zum Beispiel folgendermaßen geschehen: *„Was sagen Sie zu der ganzen Angelegenheit?"*. Oder Sie überlegen für sich im Stillen, welchen Einwand Sie überhört oder sogar ignoriert haben. Folgende Gedanken können Ihnen dabei behilflich sein: „Ab welchem Moment begann das Gespräch ins Stocken zu geraten?, Was könnte meinem Gesprächspartner an meinen Ausführungen nicht zusagen?"

Wenn Sie die Blockade aufgespürt haben, stoppen Sie das Gespräch und klären erst einmal die entdeckte Blockade, beispielsweise mit der Frage: *„Was mir gerade einfällt, wie sehen Sie eigentlich den zeitlichen Ablauf dieses Projekts?"*. Jetzt hat Ihr Gesprächspartner noch einmal die Chance, seinen Einwand zu artikulieren. Und was noch wichtiger ist, Sie erhalten dadurch die Möglichkeit, auf seinen Einwand zu reagieren.

Ein weiteres Problem sind unausgesprochene Gesprächsblockaden. Damit sind alle Widerstände gemeint, die bei Ihren Gesprächspartnern vorhanden sind, jedoch nicht thematisiert werden. Wie Sie gleich sehen werden, ist diese Art der Gesprächsblockade weitaus schwieriger zu erkennen und vor allen Dingen auch zu lösen.

Ihre Gesprächspartner können sehr unterschiedliche Gründe dafür haben, gewisse Bedenken nicht zu äußern. Ein Grund ist fehlender Mut. Auslöser hierfür kann zum Beispiel die Ihnen untergeordnete Position sein oder auch ganz einfach das fehlende Selbstwertgefühl Ihrer Gesprächspartner.

Unabhängig davon, welche Beweggründe Ihren Gesprächspartner dazu veranlassen, Ihnen keinen reinen Wein einzuschenken - Sie sollten diesen Gesprächsblockaden auf die Spur kommen. Denn hier gilt die gleiche Regel, wie bei den ausgesprochenen Einwänden: Erst wenn die Blockade entdeckt ist, kann das Gespräch erfolgreich fortgeführt werden.

Bei allen unausgesprochenen Einwänden haben Sie nur eine Entdeckungsmöglichkeit und das ist die Körpersprache Ihrer Gesprächspartner. Unabhängig davon, wie geschickt ein Mensch seine inneren Widerstände verbergen möchte, sein Körper signalisiert unbewusst immer seine innere Haltung. Um die innere Haltung Ihres Gesprächspartners zu entdecken, helfen Ihnen vor allen Dingen das Beobachten seiner Haltung, seiner Mimik, seiner Gestik, seines Tonfalls und eventuell auch der Abstand zu Ihnen.

Um Sie jetzt nicht mit den Themen eines ganzen Körpersprachenseminars zu verwirren, beschränke ich mich bei den folgenden Körpersignalen auf die wichtigsten, die Ihnen verraten, dass Ihr Gegenüber mit Ihren Ausführungen nicht ganz einverstanden ist.

Beginnen wir bei der Haltung. Dreht sich Ihr Gesprächspartner mit seinem ganzen Körper plötzlich weg von Ihnen, kann das ein solches Signal sein. Es kann allerdings auch Desinteresse signalisieren. Verändert sich sein Gesichtsausdruck während des Gesprächs urplötzlich von interessiert zu einer desinteressierten Mimik, kann das ebenfalls ein Signal der inneren Blockade sein. Werden plötzlich die Arme verschränkt und Ihr Gesprächspartner behält diese Armhaltung bei, könnte auch das signalisieren: Ich bin nicht mehr mit Ihren Ausführungen einverstanden.

Oder es verändert sich der Tonfall Ihres Gegenübers. Er oder sie wechselt plötzlich von einer lockeren Art zu sprechen in eine etwas verkrampfte Sprechweise. Gute Hinhörer erkennen diesen Unterschied sofort.

Eine weitere Art innere Abwehrhaltung zu signalisieren, ist ein plötzlich vergrößerter Abstand zu Ihnen. Das bedeutet, Ihr Gesprächspartner rückt entweder auf oder mit dem Stuhl nach hinten oder er geht im Stehen ein klein wenig zurück.

All diese Signale können Ihnen verraten: Ich bin dagegen oder anderer Meinung als Sie! Doch aufgepasst! Jede dieser Verhaltensweisen kann auch andere Ursachen haben. Hüten Sie sich also bitte davor, alle diese Signale als Abwehr zu deuten. So einfach ist Körpersprache leider auch wieder nicht. Wie Sie sicherlich wissen, ist der Mensch ein sehr kompliziertes Wesen und deswegen nicht immer mit solch simplen Mitteln zu durchschauen.

Denn zu den oben genannten Signalen müssen gewisse Umstände passen, die Ihnen dann gemeinsam mit den ausgesendeten Körpersignalen signalisieren: Ich bin mit Ihren Ausführungen nicht einverstanden. Wenn Sie nur „Guten Tag" zu Ihrem Gesprächspartner sagen, und er geht einen Schritt zurück, dann ist er nicht dagegen, dass Sie ihn begrüßen, sondern er signalisiert Ihnen nur, dass Sie ein wenig zu nahe auf ihn zugekommen sind.

Wenn Sie also über das Wetter reden, dann bedeuten verschränkte Arme nicht unbedingt, dass Ihr Gegenüber anderer Meinung ist als Sie. Legen Sie allerdings gerade Ihren Standpunkt zu einer bestimmten Angelegenheit dar und Ihr Gesprächspartner verschränkt während dieser Ausführungen die Arme, geht einen Schritt zurück, wendet sich ein wenig von Ihnen ab und bekommt einen skeptischen Gesichtsausdruck, dann könnten dies durchaus Signale der inneren Blockade gegen Ihre Ausführungen sein. Aus diesem Grund gilt für all Ihre Gespräche: Beobachten Sie Ihre Kommunikationspartner sehr aufmerksam!

Das Schöne an der Körpersprache ist, dass sie zum größten Teil unbewusst erfolgt. Das bedeutet, Ihr Gesprächspartner merkt nicht, dass er seinen Körper verändert und Ihnen damit bestimmte Signale sendet.

Wenn Sie der Meinung sind, jetzt signalisiert er oder sie einen Einwand oder sogar eine innere Blockade, unterbrechen Sie Ihre Ausführungen und fragen Sie nach. Das könnte beispielsweise folgendermaßen klingen: *„Was sagen Sie zu diesem Vorschlag?"*. Hüten Sie sich in solchen Situationen vor geschlossenen und ganz besonders vor geschlossenen Suggestivfragen, wie zum Beispiel: *„Finden Sie diesen Vorschlag auch gut?!"*. Denn ein Mensch, der nur über die Körpersignale seine Bedenken aussendet, neigt bei solchen Fragen oftmals dazu, schnell eine Bestätigung auf Ihre Suggestivfrage zu geben. Was Ihnen nichts nützen würde, denn die Blockade bleibt bestehen.

Damit Sie so richtig fit im Umgang mit den versteckten Körpersignalen werden, achten Sie in Ihren nächsten Gesprächen auf die unterschiedlichen körperlichen Reaktionen Ihrer Mitmenschen. Besonders gut können Sie die versteckten Körpersignale in Gesprächen, an denen Sie nicht beteiligt sind, beobachten. Wenn Sie also beispielsweise nur Zu- bzw. Hinhörer eines Gesprächs sind. Ein weiteres hervorragendes Trainingsfeld ist der Fernseher. Talk-Shows oder auch Politiker-Interviews eignen sich hervorragend für das Studium der versteckten Körpersprache.

Damit das Ganze nicht zu kompliziert wird, konzentrieren Sie sich am besten auf zwei Merkmale: Zustimmung oder Ablehnung! Ob Sie jeweils richtig mit Ihren Interpretationen liegen, das erfahren Sie zumindest bei den Talk-Shows mit Politikern. Denn diese halten Ihre Meinung meist nicht lange zurück, soweit es die Ausführungen der politischen Gegner betrifft.

Wenn Sie nun Ihr Frühwarnsystem entwickelt haben, geht es anschließend darum, diese Blockaden für Ihren Gesprächserfolg zu nutzen. Doch bevor wir nun fortfahren, möchte ich Sie auf einen wichtigen Aspekt hinweisen:

Blockaden und Einwände Ihrer Gesprächspartner müssen nicht immer aus dem Weg geräumt werden. Denn, ob Sie es glauben oder nicht, Ihr Gesprächspartner könnte auch durchaus Recht haben! Hier kommen wir an einen ganz entscheidenden Punkt all Ihrer Gespräche: Weder Sie noch sonst irgendein Mensch auf dieser Welt haben die richtige Sichtweise der Dinge und Vorgänge auf dieser Welt gepachtet. Jeder Mensch kann sich irren, auch Sie! Aus diesem Grund können Sie sich folgende Erfolgsformel für Ihre Gespräche merken:

Überdenken Sie Ihre persönliche Sichtweise und die Sichtweise Ihrer Gesprächspartner!

Alleine mit dieser Erfolgsformel werden manche Gespräche wie von Zauberhand erfolgreich verlaufen. Viele Gespräche auf dieser Welt scheitern schon am Nichtbeachten dieser Erfolgsformel. Viele Menschen meinen, sie hätten immer Recht. Und genau das ist oftmals ein Problem. Ein Problem, das sogar erschreckende Wirkungen auf ganze Unternehmen nach sich ziehen kann. Wird nämlich ein Unternehmen von solch einem Rechthaber geführt, kann es passieren, dass sich mit der Zeit niemand mehr traut, eine andere Meinung kundzutun. Die Folgen sind unübersehbar. Dieses Unternehmen wird nur noch durch die Pläne, Ideen und Ziele eines Einzelnen gesteuert. Diesem Unternehmen gehen entscheidende Sichtweisen und Ideen verloren. Das Unternehmen wird immer starrer und büßt zusehends seine Innovationskraft ein. Früher oder später passt das Unternehmen nicht mehr in die Landschaft und gehört dann zu den Verlierern. Eine Menge liquidierter Unternehmen, die von solch starrsinnigen Unternehmern oder Managern geführt wurden, belegen diese Aussage.

Damit Ihnen solche Widrigkeiten nicht widerfahren, fragen Sie sich immer wieder einmal, wie flexibel Sie auf andere Vorschläge bzw. Sichtweisen reagieren. Neigen Sie eher dazu, sich andere Meinungen in Ruhe anzuhören oder sind Sie mehr der Typ, der andere Vorschläge in Grund und Boden schmettert. Denken Sie einfach einmal über die folgende Frage nach:

**Wie reagiere ich auf Vorschläge, Ideen
und andere Meinungen in meinen Gesprächen**

O Ich bin immer bereit andere Meinungen zu akzeptieren!
O Ich bin von Fall zu Fall bereit andere Meinungen
   zu akzeptieren!
O Ich bin nie bereit andere Meinungen zu akzeptieren!

Und wie ist Ihre Selbstanalyse ausgefallen? Ich hoffe ehrlich. Verstehen Sie diese Selbstanalyse bitte nicht falsch. Hier geht es nicht darum, dass Sie sich immer den anderen Meinungen anschließen sollen. Es geht ausschließlich darum, dass Sie Ihre Bereitschaft prüfen, andere Meinungen zu überdenken. Wenn Sie dann in dem ein oder anderen Fall zu der Einsicht gelangen, dass Ihr Gesprächspartner doch Recht oder zumindest teilweise Recht hat, dann brauchen Sie nur noch eines zu tun, um zu einem erfolgreichen Gesprächsergebnis zu kommen: Geben Sie es einfach zu!

Doch alleine diese Botschaft mit Leben zu erfüllen, ist für manche Menschen ausgesprochen schwierig. Die Voraussetzung hierfür ist nämlich ein gesundes Selbstbewusstsein. Nur Menschen mit einem wirklich gesunden Selbstbewusstsein sind in der Lage, sowohl Kritik als auch andere Meinungen nicht nur zu akzeptieren, sondern auch willkommen zu heißen.

Sind Sie jedoch nach reiflicher Überlegung zu dem Entschluss gelangt, dass Ihre Sicht der Dinge doch die für beide Seiten Gewinn bringende ist, geht es nun darum, Ihren Gesprächspartner davon zu überzeugen.

Handelt es sich bei der sogenannten Gesprächsblockade um einen normalen Einwand, brauchen Sie jetzt nur noch Ihre Verständnisquittung und eine ehrlich gemeinte Aufwertung einzusetzen und schließen Ihre Gewinn bringenden Argumente an diesen Tipp an.

Ich möchte nicht behaupten, dass Sie nun automatisch Erfolg haben werden und Ihre Gesprächspartner sofort von Ihrer Sichtweise überzeugt sind. Doch die Wahrscheinlichkeit, dass der Gesprächspartner wenigstens bereit ist, Ihre Argumente zu überdenken, steigt um ein Vielfaches.

Natürlich folgt jetzt eine kleine Übung für diese Art der Blockaden-beseitigung. Und wenn Sie damit einverstanden sind, notieren Sie sich gleich ein paar Formulierungen, mit denen Sie der vorgegebenen Blockade - Gewinn bringend - begegnen können.

„Ich würde das Budget stärker zu Gunsten
  der Marketingabteilung ausweiten!"

Aufwertung:

....

....

....

Verständnisquittung:

....

....

....

Argument:

....

....

....

Das beste Training für diese Art der Blockadenbeseitigung ist, wie sollte es auch anders sein, Ihr privates Umfeld. Begegnen Sie möglichst jedem Einwand nach den angegebenen Schritten und Ihre Professionalität nimmt auf diese Art und Weise mit Sicherheit zu. Ihre privaten Gesprächspartner werden es Ihnen ebenso danken wie Ihre beruflichen. Achten Sie jedoch darauf, dass Sie auch immer Ihre Bereitschaft der Einsicht überprüfen. Denn es wäre fatal, wenn Ihnen diese Art der Blockadenbeseitigung so viel Spaß macht, dass Sie nicht mehr bereit wären, Ihren und andere Standpunkte zu beleuchten.

Kommen wir nun zu den etwas schwierigeren Gesprächsblockaden. Ihr Gesprächspartner hat keine Lust oder ist einfach nicht gewillt, mit Ihnen auf einen Nenner zu kommen. Die Gründe für dieses Verhalten kennen Sie bereits. Es sind meistens emotionale Gründe, die zu diesen Form von Totalblockaden führen. In vielen Gesprächen haben Sie jedoch weder die Zeit noch die Lust, diesen emotionalen Gründen auf die Spur zu kommen. Also müssen wir uns etwas anderes überlegen, um doch schnell zum gewünschten Gesprächsergebnis zu kommen.

Und genau für diese Situation gibt es eine ganz einfache Methode. Anhand eines Beispiels wird Ihnen die Wirkungsweise sehr schnell deutlich.

Lieferant:
„Ich kann Sie unmöglich beliefern. Wir haben mit all unseren Kunden Gebietsschutz vereinbart."

Einzelhändler:
„Dass Sie Ihren Gebietsschutz so konsequent umsetzen, finde ich wirklich sehr nachahmenswert. Es ist ja keinem damit geholfen, wenn überall die gleichen Produkte liegen. Was möchten Sie denn auf jeden Fall vermeiden?"

Lieferant:

„Ärger mit meinen bestehenden Kunden."

Einzelhändler:

„Welche Ziele verfolgt Ihr Unternehmen neben dem Gebietsschutz denn noch?"

Lieferant:

„Natürlich Erfolg und gesunde Umsatzsteigerungen."

Einzelhändler:

„Wenn wir eine Lösung finden, die Ihnen einen höheren Umsatz garantiert und mit Sicherheit Ärger mit bestehenden Kunden vermeidet, wären Sie dann zufrieden?"

Lieferant:

„Klar, das wäre ideal!"

Einzelhändler:

„Das ist doch fantastisch. Denn mein Konzept mit der Artikeltrennung berücksichtigt genau diese Punkte. Es garantiert Ihnen einen enorm hohen Umsatz und eine ruhige Situation am Markt."

Die nächste Frage des Lieferanten könnte jetzt natürlich lauten: Wie wollen Sie das denn schaffen? Natürlich braucht der Einzelhändler jetzt ein in sich schlüssiges Konzept. Jedoch ist aus der Totalblockade *„Ich kann Sie unmöglich beliefern. Wir haben mit all unseren Kunden Gebietsschutz vereinbart"*, eine neue Gesprächsbereitschaft entstanden. Man könnte auch sagen: Es ist hat sich neue Chance eröffnet.

Diese Totalblockaden-Lösungsmethode besteht aus vier Schritten, denen natürlich eine Verständnisquittung und eine Aufwertung vorausgehen:

Der erste Schritt: Sie fragen Ihren Gesprächspartner, was er gerne vermeiden bzw. nicht erleben möchte.

Der zweite Schritt: Sie fragen Ihren Gesprächspartner, was er gerne erreichen, erhalten oder erleben möchte.

Der dritte Schritt: Sie fragen Ihren Gesprächspartner, ob er zufrieden wäre, wenn Sie ihm eine Lösung präsentieren könnten, die seine Aussagen aus Schritt eins und zwei berücksichtigen würde.

Der vierte Schritt: Sie präsentieren Ihre Lösung, die möglichst die von Ihrem Gesprächspartner gewünschten Aspekte enthält.

Dies wird zwar nicht in jedem Fall möglich sein, da Ihre Vorschläge nicht immer die gewünschten Aspekte berücksichtigen können. Jedoch werden Sie mit der Zeit merken, dass häufig die gewünschten und auch die unerwünschten Aspekte Ihrer Gesprächspartner in Ihrem Vorschlag berücksichtigt werden können. Und schon erscheint ein bereits abgelehnter Vorschlag plötzlich viel annehmbarer für Ihre Gesprächspartner.

Diese Methode hat nichts mit einem Trick zu tun, sondern nutzt eben nur die Wünsche und Bedenken Ihrer Gesprächspartner, um die so genannten Totalblockaden aufzulösen. Gelingt es nicht, diese Totalblockaden aufzulösen, hat das Gespräch kaum Chancen auf ein erfolgreiches Ende für beide Parteien.

Auch wenn in Ihren Gesprächen Totalblockaden seitens Ihrer Gesprächspartner immer seltener auftreten werden, da Sie die bisherigen Tipps aus den Kapiteln in diesem Buch angewendet haben, ist es doch sehr hilfreich auf solche Situationen professionell vorbereitet zu sein.

Wenn Sie nach dieser Methode vorgehen, kann sich Ihr Gesprächspartner gar nicht mehr Ihren Vorschlägen entziehen. Denn spätestens nach Frage drei haben Sie seine erste Zustimmung erhalten. Und wenn Sie dann bei Schritt vier in der Lage sind, einen stimmigen Vorschlag zu präsentieren, haben Sie zumindest die Gesprächsbereitschaft geschaffen, die Sie brauchen, um gemeinsam zu einer Lösung zu kommen.

Damit auch Sie ein Meister der Blockadenauflösung werden, können Sie mit der folgenden Checkliste diese Strategie in den entsprechenden Gesprächssituationen trainieren.

Checkliste Totalblockaden - Auflösungs-Methode:

Verständnisquittung & Aufwertung

Schritt 1: **Was möchten Sie vermeiden?**

Schritt 2: **Was möchten Sie erreichen?**

Schritt 3: **Wenn ich Ihnen eine Lösung präsentiere, die Schritt 1 und Schritt 2 berücksichtigt, wären Sie dann zufrieden bzw. begeistert?**

Schritt 4: **Folgendermaßen könnte die Lösung aussehen!**

Am besten legen Sie sich eine Kopie dieser Checkliste auf Ihren Schreibtisch oder in Ihren Timer, damit Sie die Vorgehensweise dieser Methode stets vor Augen haben. Wenn Sie demnächst richtig fit im Umgang mit den Totalblockaden sind, steht Ihrer persönlichen Gewinnerstrategie absolut nichts mehr im Wege.

Die positiven Auswirkungen der Gewinnerstrategien aus diesem Kapitel werden Ihnen und Ihrem Umfeld ein völlig neues Lebensgefühl bescheren. Ihr Leben wird nicht nur erfolgreicher, sondern vor allen Dingen bedeutend entspannter verlaufen. Ihre Dispute und Streitigkeiten werden abnehmen.

Diskussionen werden harmonischer und ergebnisorientierter verlaufen als es bei den meisten Menschen der Fall ist. Lebensgewinner tragen mit diesen Kommunikationsstrategien auch dazu bei, dass in ihrem Umfeld ein bisschen mehr Frieden einkehrt. Schon diese Auswirkungen alleine, sind für viele Menschen Ansporn genug, sich täglich mit diesen Strategien zu beschäftigen.

Damit auch Sie in allen Lebenslagen ein Lebensgewinner bleiben, finden Sie in dem nun folgenden Abschlusskapitel noch einmal alle Gewinnerstrategien in komprimierter Form.

Die Lebensgewinner-Strategien im Überblick!

Gratulation Sie haben es vollbracht. Nun kennen Sie die Strategien der Lebensgewinner. Und wenn Sie das Buch nicht nur gelesen, sondern auch durchgearbeitet haben, sind Sie sogar so richtig fit im Umgang mit den Gewinnerstrategien und haben bereits Ihre ersten Erfahrungen mit den einzelnen Tipps gemacht.

Schauen wir uns die einzelnen Strategien zum Abschluss dieses Buches noch einmal gemeinsam an. Lebensfreude und Erfolg in allen Lebensbereichen sind die Ziele, die ein Lebensgewinner nicht irgendwann anstrebt, sondern möglichst jeden Tag genießen möchte. Damit Sie sich diese Ziele stets bewusst vor Augen halten, denken Sie immer wieder einmal an die folgenden Kernaussagen.

> **Ohne Kommunikation keine Motivation!**
> **Ohne Motivation kein Erfolg!**
> **Ohne Erfolg kein Lebensfreude!**

Denn Sie wissen ja: Wer sich und andere motivieren möchte, muss kommunizieren. Und wer darüber hinaus auch noch Erfolge jeglicher Art ernten will, sollte in der Lage sein, sich und sein Umfeld zu motivieren. Ist ihm dies gelungen, stellt sich automatisch eine riesengroße Portion Lebensfreude ein, die es dann nur noch als Wertschätzer zu genießen gilt.

Gelingt es Ihnen nicht, diese Blockaden in einem Gespräch aus dem Weg zu räumen, wird es aller Wahrscheinlichkeit nach sehr schwer, gemeinsam eine Gewinn bringende Lösung zu finden. Mit Hilfe der Verständnismethoden haben Sie auf jeden Fall schon einmal ein sehr wichtiges Instrument in der Hand, um kleinere Gesprächsblockaden aus dem Weg zu räumen.

Mit den folgenden Gewinnerstrategien werden Sie ein kompromissloser Wertschätzer, der sich jeden Tag ein extragroßes Motivationspotenzial gönnt:

> **Erkennen Sie Ihr persönliches Potenzial!**
> **Entdecken Sie das Potenzial Ihrer Mitmenschen!**
> **Trainieren Sie Ihre Wertschätzung!**

Beginnen Sie mit der Wertschätzung stets bei Ihrem eigenen Potenzial. Durch diese Vorgehensweise fällt es Ihnen bedeutend leichter, das Potenzial Ihrer Mitmenschen zu entdecken und zu schätzen. Wenn Sie sich zudem täglich Ihre Dankbarkeitsfragen stellen, kann wirklich nichts mehr schiefgehen.

Denken Sie stets daran, dass es nur einen Zeitpunkt in Ihrem Leben gibt, an dem Sie irgendetwas in Ihrem Leben bewegen können. Und dieser Zeitpunkt ist immer nur - JETZT - ! Und damit Sie sich auch - jetzt - glücklich und erfolgreich fühlen, werden Sie mit diesen drei Gewinnerstrategien zum Gegenwartsmeister:

> **Konzentrieren Sie sich auf das Vorhandene!**
> **Meiden Sie das Lücken-Denken!**
> **Nutzen Sie den Jetzt-Zustand!**

Ein Gegenwartsmeister schaut auf alle vorhandenen Glücksumstände, Situationen und Möglichkeiten. Er konzentriert sich nicht auf die Lücken und ist ein Meister im Nutzen der momentanen Lebensumstände. Unabhängig davon, was in Ihrem Leben passiert, spätestens seit dem Gewinnertipp 3 wissen Sie, dass es immer wieder neue Chancen für Ihren Lebenserfolg geben wird. Und genau aus diesem Grund, können Sie sich stets die folgenden drei Gewinnerstrategien bewusst machen:

Entdecken Sie neue Chancen!
Vergeuden Sie keine Zeit mit der Schuldfrage!
Nutzen Sie neue Perspektiven für Ihren Erfolg!

Jeden Tag eröffnen sich Ihnen neue Chancen, die nur darauf warten, von Ihnen genutzt zu werden. Ihre Macht über Ihr Leben geben Lebensgewinner niemals aus den Händen. Denn Lebensgewinner kennen keine Schuldfrage, sondern beschäftigen sich allenfalls mit der Lösungsfrage und nutzen die Perspektiven für den eigenen und den Erfolg Ihrer Mitmenschen.

Andere Sichtweisen machen Ihnen keine Sorgen mehr, denn Sie wissen ja, dass gerade die unterschiedlichen Perspektiven zur Bereicherung Ihres Lebens beitragen. Sollten Sie das einmal vergessen, dann denken Sie am besten an diese Gewinnerstrategien:

Freuen Sie sich über die Meinungsvielfalt
Ihrer Mitmenschen!
Übernehmen Sie Verantwortung!
Signalisieren Sie Verständnis!

Machen Sie sich stets bewusst, dass gerade durch die Meinungsvielfalt Ihr Horizont erweitert wird und dass Sie durch die Übernahme der Verantwortung in Ihren Gesprächen ein weiteres Gewinn bringendes Potenzial in Ihren Händen behalten. Das Signalisieren von Verständnis für die unterschiedlichsten Ansichten Ihrer Gesprächspartner ist für einen Lebensgewinner eine Grundvoraussetzung im Umgang mit seinen Mitmenschen. Emotionen nehmen Sie in Ihrem Leben und Ihren Gesprächen nur noch als positive Aspekte wahr. Denn Sie können mit negativen Gefühlen umgehen und positive Emotionen zum Vorteil aller Beteiligten nutzen.

> **Akzeptieren Sie Ihre Mitmenschen!**
> **Hüten Sie sich vor Verletzungen!**
> **Gewinnen Sie mit Ihrer Sensibilität!**

Diese drei Strategien sind weitere Basispunkte, mit denen Sie nicht nur sich glücklicher machen, sondern auch bei Ihren Mitmenschen für eine neue Lebensqualität sorgen. Und ein Lebensgewinner ist immer bestrebt, andere Menschen an seiner Lebensfreude teilhaben zu lassen.

Die Kommunikation mit anderen Menschen ist für Sie eine erfreuliche Möglichkeit, zwischenmenschliche Kontakte herbeizuführen. Mit den folgenden Strategien sorgen Sie auch bei Ihren Mitmenschen für einen angenehmen Beginn und einen erfreulichen Ausklang aller Gespräche.

> **Beginnen sie mit einer Warm-up-Phase!**
> **Nutzen Sie die START-Phase!**
> **DANKEN Sie Ihren Gesprächspartnern!**

Allen Beteiligten an einem Gespräch die Möglichkeit zu geben, sich warmzulaufen, ist eine weitere Grundlage für den Erfolg Ihrer zwischenmenschlichen Verbindungen. Und mit Hilfe der **START**- und **DANKE**-Phase gelingt es Ihnen, Ihre Gesprächspartner bereits am Anfang und auch am Ende eines Gesprächs zu begeistern.

Ein weiterer Meilenstein auf Ihrem Weg zum Lebensgewinner ist das Erfüllen der eigenen Wünsche und der Wünsche Ihrer Mitmenschen. Wie Sie diese entdecken und gleichzeitig Ihre Wahrnehmung trainieren, das können Sie mit diesen drei Erfolgsstrategien üben.

> **Entdecken Sie die Wünsche Ihrer Gesprächspartner!**
> **Steigern Sie Ihre Wahrnehmung!**
> **Werden Sie zum Hellseher!**

Mit den Meta-Fragen helfen Sie Ihren Mitmenschen, sich über oftmals versteckte Wünsche klar zu werden, zudem steigern Sie mit Hilfe von Neugier und Offenheit auch Ihre eigene Wahrnehmung. Als Mitglied im Club der Hinhörer entwickeln Sie hellseherische Fähigkeiten, die von Ihrem Umfeld mehr als geschätzt werden.

Alle Gespräche und Verhandlungen, die Sie in Ihrem Leben führen, haben letztendlich nur ein Ziel: glücklich und erfolgreich zu leben. Der einfachste Weg dorthin ist, auch anderen Menschen Wege zu zeigen, ein Leben voller Gewinne zu leben. Wenn Sie in Ihren Gesprächen auf die folgenden drei Gewinnerstrategien achten, brauchen Sie um nichts mehr zu kämpfen, sondern werden Ihre Ziele mit einer neuen Leichtigkeit erreichen.

> **Überzeugen Sie sich selbst!**
> **Stellen Sie den Gewinn aller**
> **Beteiligten in den Vordergrund!**
> **Argumentieren Sie kraftvoll!**

Als Lebensgewinner handeln Sie nur aus der eigenen Überzeugung heraus. Sie entwickeln Lösungen, die alle Beteiligten zu Gewinnern machen. Damit die anderen Menschen schnell erkennen, welche Vorteile Ihre Lösungen bieten, nutzen Sie die Motivationskraft der Sprache.

Nicht nur souverän wirken, sondern auch innerlich gelassen bleiben, ganz gleich mit welchen Blockaden Sie konfrontiert werden, das ist das Ziel, das Sie mit diesen Strategien entspannt erreichen.

> **Entwickeln Sie Ihr Frühwarnsystem!**
> **Überdenken Sie Ihren Standpunkt**
> **Wandeln Sie Totalblockaden in neue Chancen!**

Mit Hilfe der Körpersignale Ihrer Gesprächspartner nutzen Sie Ihr Frühwarnsystem, um Blockaden bereits im Ansatz zu vermeiden und/oder zu erkennen. Dadurch ersparen Sie sich und Ihren Mitmenschen unnötige Frustrationen.

Sie sind sich gleichzeitig bewusst, dass nicht immer Sie den absolut richtigen Standpunkt vertreten, sondern dass es sehr viele andere hervorragende Ansätze für anstehende Problemlösungen gibt. Durch Ihre geschickte Art der Totalblockaden-Lösung tragen Sie auch zu ein bisschen mehr Verständnis auf dieser Welt bei.

Wenn Sie jetzt noch mit viel Freude und Lockerheit täglich diese Lebensgewinnerstrategien trainieren, steht Ihrem glücklichen und erfolgreichen Leben so gut wie nichts mehr im Wege.

Und genau das wünsche ich Ihnen und
Ihren Mitmenschen von ganzem Herzen:

Ein Leben voller Lebensfreude und Erfolg!

Ihr Andreas Nemeth!

Mein persönliches Dankeschön!

Herzlich bedanken möchte ich mich am Ende dieses Buches bei Ihnen, für Ihre Aufmerksamkeit und Ihr Interesse an diesem Buch. Ein ganz besonderes Dankeschön geht an meine Lektorin Ulrike Ascheberg-Klever, die meine oft übersprudelnden Gedanken in Form brachte. Danke möchte ich auch meiner Frau Jutta sagen, die mich während der vielen Schreibtage und -nächte mit viel Geduld, gutem Essen und tollen Ideen bestens versorgt hat.

Natürlich möchte ich mich bei allen meinen Seminarteilnehmern bedanken, die mich mit Ihren Ideen und Fragen immer wieder motiviert haben, die Themen - *Motivation und Kommunikation* - weiter zu vertiefen.

Der Autor
stellt sich vor

Andreas Nemeth - der Potenzialentwickler - Erfolgscoach und Buchautor, zählt seit über 25 Jahren zu den erfolgreichen und meist gebuchten Kommunikationstrainern und Keynote-Speakern im deutschsprachigen Raum.

Auf Symposien und Tagungen begeistert Andreas Nemeth sein Publikum mit Vorträgen über leistungssteigernde Motivations- & Kommunikationsstrategien mit seinen **JABALANCE**®-Potenzialprinzipien.

Als der Potenzialentwickler im deutschsprachigen Raum ist es für ihn eine Berufung, erfolgreichen Unternehmen und Persönlichkeiten aus den verschiedensten Bereichen zu zeigen, wie sie ihre Leistungspotenziale entdecken und vor allem nutzen können. Mit seinem Unternehmen und seinem Team hält der Kommunikationstrainer seit Jahren erfolgreiche Motivations-, Verkaufs- und Führungstrainings.

Weitere Informationen über Andreas Nemeth erhalten Sie unter **www.nemeth-training.de** und **www.andreas-nemeth.de**!

Weitere Bücher von Andreas Nemeth:

Erfolg fällt nicht vom Himmel
Verlag Via Nova, 172 Seiten broschiert
ISBN-10: 3866160518, ISBN-13: 978-3866160514

Glücklichsein in jeder Lebenssituation
Verlag Via Nova, 176 Seiten broschiert
ISBN-10: 386616002X, ISBN-13: 978-3866160026

Die Serviceoase: Traum oder Wirklichkeit?
N-E-W Verlag, 76 Seiten gebunden
ISBN-10: 3981208420, ISBN-13: 978-3981208429

So macht Verkaufen richtig Spaß!
N-E-W Verlag, 132 Seiten broschiert,
ISBN-10: 3981208404, ISBN-13: 978-3981208405

Über-lebe
N-E-W Verlag, 164 Seiten broschiert
ISBN-10: 3981208412, ISBN-13: 978-3981208412

Begeistere Dich selbst!
N-E-W Verlag, 124 Seiten broschiert
ISBN-10: 3981208463, ISBN-13: 978-3981208467

Der begeisterte Verkäufer!
N-E-W Verlag, 288 Seiten
ISBN-10: 3981208447, ISBN-13: 978-3981208443

Kunden gibt´s die gibt´s gar nicht
N-E-W Verlag, 100 Seiten
ISBN-10: 3939563277, ISBN-13: 978-3939563273

Kontaktadresse:
Hier können Sie das aktuelle Seminarprogramm
und alle Bücher von Andreas Nemeth anfordern:

NEMETH TRAINING + BERATUNG
Postfach 1930
97669 Bad Kissingen
Tel.: 0971-65184
Fax: 0971-60456
E-Mail: info@nemeth-training.de
Homepage: www.nemeth-training.de

www.ingramcontent.com/pod-product-compliance
Lightning Source LLC
Chambersburg PA
CBHW060437090426
42733CB00011B/2309